양 의 섭 목사 지음

Rev. Yang, EuiSup Pastor(D.Min)

대한예수교 장로회 왕십리중앙교회

Wangshimni Joongang Presbyterian Church

가서 너도 이와 같이 살라

어느 날, 예수님께 잘난 체 하는 이가 찾아왔습니다.
율법 공부를 많이 한 이였습니다.
예수님을 시험하려고 묻습니다.
어떻게 하여야 영생을 얻을 수 있느냐고요.
이에 율법엔 뭐라 했느냐 되물으시자
하나님 사랑, 이웃 사랑이라고 합니다.
이에 주님은 그대로 행하라고 하십니다.

이쯤 되면 '네 알겠습니다'하고 갈 것 같은데
이 사람은 짐짓 누가 내 이웃입니까 라고
탁월한 자신의 사회적 지위를 은근히 내보입니다.
이에 예수님은 강도 만난 사람의 이야기를 하십니다.
다 아시죠?
그런데 결론은 뭐 였죠?

가서 너도 이와 같이 하라입니다.
즉 떠들지 말고, 이러쿵저러쿵 하지 말고
너도 익명의 사마리아 사람처럼
곤경에 처한 이를 도우며, 그들의 이웃이 되어
그렇게 살라는 것이었습니다.

우리는 아는 게 참으로 많습니다.
그러나 그게 삶으로 이어지지 못한다면
무슨 의미가 있겠습니까?
예수믿는 사람들은
말만 잘 한다고 세상이 그러지 않습니까?
그러니 올해 우리는 말로만 떠들지 말고
그렇게 삽시다.
그렇게 살기 위해서 반드시 전 단계가 있습니다.
말씀을, 주의 감동을 받아야 합니다.

올해 성도들의 모임마다
이 공과책을 펼쳐들고 하나 하나 찾아 읽어갈 때
주의 성령께서 꼭 말씀해 주시기 바랍니다.
그리고 성도들은 받은 바 은혜를, 감동을
날마다 날마다 펼쳐가는, 그렇게 살아가는
신앙의 힘이 있기를 소망합니다.

새해 첫날에 양의섭 목사

목 차

2020년 예수 마을 모임

(모임시간 : 금요일 모임을 원칙으로 하되 셀 형편에 따라 모임)

- 진 행 -

⊛ 묵 상	:	전원이 시 23편을 암송하며 바로 이어서 왕중고백문을 고백합니다. (너무 빨리 하지 마세요.)
⊛ 찬 송	:	2-3곡의 찬송을 부릅니다.
⊛ 기 도	:	그날 모임을 위하여 구역원 중에 대표 기도합니다.
⊛ 말 씀	:	주어진 공부 내용을 인도자의 인도에 따라 함께 공부합니다. 진지하게 성경을 공부하듯이 참여합시다.
⊛ 내게 주신 은혜	:	공부를 마치고, 각자가 오늘 자신에게 주신 말씀구절이나, 감동을 한 가지씩 이야기 합니다.
⊛ 순종과 결심	:	주어진 지시 사항을 놓고 순종하며 결심합니다.
⊛ 기도로 축복하기	:	서로 받은 은혜를 나누었고, 순종과 결심도 들었으니 둘씩도 좋고 전 셀원이 함께 해도 좋습니다. 서로를 기도로 축복해 주는 합심, 통성 기도를 합니다. 마무리는 반드시 셀장이나 어느 한 분이 대표로 기도합니다.
⊛ 찬 송	:	마무리 대표 기도가 끝나면 동시에 "좋으신 하나님"을 눈을 감고 함께 찬송합니다.
⊛ 헌 금	:	구역 헌금을 드립시다.
⊛ 주기도문	:	찬송을 마치며 주기도문으로 셀 예배를 마칩니다.

♥ 각 예수 마을 예배 때마다 주의 성령께서 운행하시며 능력주시기를!

(본 공과는 2008년 공과 수정 증보판 입니다.)

ꕥ 왕중 고백문 ꕥ

주님, 나는 예수님의 사람입니다.
나는 예수님의 심장으로 사는 사람입니다.
공허한 외침이 아닌 구체적인 삶의 현장에서
예수님의 사람으로 살고픕니다.

세상을 두려워 말고,
시선을 버거워 말고,
계산에 떨지 말고,
이럴 때 예수님이라면 어떻게 하셨을까,
그것만을 생각하고
그에 따른 성령의 감동만 따라가렵니다.

주님, 오늘도 나를 도우사
담대히 예수님의 사람으로 살게 하옵소서.
내게서 예수님의 모습과 그리스도의 향이
물씬 풍겨나는 아름다운 날이 되게 하옵소서.
예수의 이름으로 기도합니다. 아멘.

예수님처럼

(요 20:21)

양의섭 사
양하영 곡

2018. 6. 13. 11:00

1월-1과

이렇게 사는 것은 어떨까요?

＊ 찬 송 : 552장, 347장

새해가 시작되었습니다. 새해, 새 은혜, 새 축복이 충만하기를 바랍니다!

그런데 말입니다, 작년처럼 살아도 올해 행복할 것 같습니까? 작년처럼 그대로 살아가도 성공할 것 같습니까? 혹, 자신이 없으면 하나님의 말씀에 귀를 기울여보심이 어떻겠습니까? 하나님께서 우리에게 권해주시는 삶의 길이 있습니다.

1. 성경을 펼쳐 시편 37:1-11을 읽어봅시다.

2. 올 한 해 살아가며 하지 말라는 것이 있습니다. 뭡니까?(1)

- 불평과 시기는 많은 경우 부러 움에서 옵니다. 정의를 가장하지만 실은 부러움에서 오는 것들이 많습니다. 그들은 모두 하나님의 손에 맡기고 나는 달리 살아야 합니다.

- 사실 우리가 정직하게 살아야 하는 이유가 뭡니까? 그렇게 살면 잘 먹고 잘 살게 되기 때문입니까? 아닙니다. 그렇게 되

면 금상첨화이지만 반드시는 아닙니다. 그렇게 사는 것이 인간답게 사는 것, 인간의 도리이기 때문입니다. 그럼에도 부정으로 잘 먹고 잘 사는 것을 부러워한다면 뭔가 크게 잘못된 것입니다. 하나님의 자녀로 말입니다.

3. 그러면 어떻게 살아야할까요? 3-5절을 묵상합시다.

첫째, 여호와를 어떻게 하라?

- 그 분을 그렇게 한다는 것을 어떻게 알 수 있습니까?

- 그래요, 선을 행하십시오. 이 불의의 세상에서, 이 추한 세상에서 하나님을 의지하지 않고 어찌 선을 행할 수 있겠습니까? 선, 착하게 사십시오. 착한 일을 하십시오. 아니 옳게 사십시오. 하나님이 살아계심을 믿고 그렇게 사십시오. 그게 진정 여호와를 의뢰하는 증거입니다.

둘째, 땅에 머무는 동안, 뭘 먹을거리로 삼으라?

- 그렇습니다. 하나님께서는 성실하십니다. 그걸 믿고 먹고 사는 겁니다. 하나님께서는 약속하신 것을 반드시 이루십니다. 하나님은 결코 불의하지 않으시사 약속한 것을 반드시 이루시고, 그 말씀대로 사는 사람을 결코 궁핍하게 하지 않으십니다. 그러므로 여러분도 성실하게 사십시오. 하나님께 맡겼다고 하며 놀지 말고, 성실하게 땀 흘리십시오.

셋째, 누구를 기뻐하며 살라?

- 착각하지 말 것은 여호와를 기쁘게 해 드려라가 아닙니다. 그저 상황에 얽매이지 말고, 하나님, 그저 나와 함께 하시고 내 기도를 들으시고, 나를 사랑하심 그 자체를 기뻐하십시오. 그러면 어떤 일이 일어난다?

넷째, 우리의 문제, 우리의 삶을 어떻게 하랍니까?

- 맡기지 못하기에 문제는 해결되지 않습니다. 다윗은 많은 모함과 억울함 속에 분해서 잠 못 이루기보다는 하나님께 맡긴 생활을 하였습니다. 그리할 때 다윗이 잠든 사이에 하나님께서는 모든 역사를 이루시어 참고 하나님께 맡긴 다윗의 삶이 옳았다는 것을 모든 이들로 알게끔 하셨습니다.

올 해 살아가면서 때로는 풀리지 않는 꼬이고 엉킨 실타래 같은 일들이 있을지 모릅니다. 억울해서 잠 못 이룰 밤들이 있을지도 모릅니다. 분해서 혈압이 오를 일이 있을지 모릅니다. 억울하지만 힘이 없어 죽어버리고 싶을 정도로 절망스러운 때가 있을지도 모릅니다. 어디 가서 하소연할 데도 없어 소화도 안 되고, 몸이 비썩 마를 일이 있을지도 모릅니다.

더 이상 자신이 안고 끙끙대지 말고 하나님께 맡기십시오. 그 분께서 모든 것을 이루시고 자신이 옳다는 것을 증명해 주실 것입니다. **"너희 염려를 다 주께 맡기라. 이는 그가 너희를 돌보심이라."**(벧전5:7) 아멘!

4. **세상을 바라보고 불평을 하자면 한이 없습니다.** 잘못 된 것이 어디 하나 둘인가요? 재주 좋게 법을 피해가며 돈을 많이 벌어 떵떵거리며 사는 사람들을 보면 어떨 때는 부러운 생각까지 들

기도 합니다. 그런 재주조차 없는 자신이 무능해 보이기까지 합니다.

그럼에도 불구하고 주께선 우리에게 어떻게 살라하십니까?(1,7-8)

그러면 대체 어떻게 살라는 말입니까?(3-6)

여러분, 다투며 긴장과 갈등 속에 살지 마십시오. 살아계신 하나님께 맡기십시오. 그 분의 저울은 아주 분명하며, 그 분의 시계는 때가 되면 정확하게 울릴 것입니다. **"대저 행악하는 자는 끊어질 것이나 여호와를 기대하는 자는 땅을 차지하리로다. ... 오직 온유한 자는 땅을 차지하며 풍부한 화평을 즐기리로다."** 할렐루야!

사랑하는 여러분, 올 해는 이렇게 사는 것이 어떨까요? 마침내 땅을 차지하며 풍부한 화평으로 모든 이들과 마음껏 즐길 수 있는 이런 축복을 우리에게 약속해 주시는 하나님의 말씀대로 말 입니다.

☛ 내게 주신 은혜 나누기

1월-2과

오늘이 중요합니다.

*** 찬 송 : 408장, 370장**

우리의 인생에서 어느 때가 가장 중요한 때일까요? 사람마다 자신의 중요한 때를 똑같이 보지는 않습니다. 어떤 이는 순수한 10대가 제일 중요하다고 합니다. 또 어떤 이는 활기찬 20대라고 하며, 다른 이는 40대 시기라고 하기도 하며, 60대라고 하는 이들도 있습니다. 배우는 시기가 중요하다, 일하는 시기가 소중하다, 죽는 순간이 가장 엄숙하다 등등 사람마다 인생의 중요한 시기를 보는 눈은 일정하지 않습니다. 우리의 한 평생, 어느 때가 가장 중요합니까?

1. 우린 보통 시간을 삼등분 하여 과거, 현재, 미래로 구분합니다. 그리곤 각각 의미와 중요성을 부여하고 거기에 매여 살아갑니다. 그 중에 과거 회상형의 사람들이 있습니다. 어떤 사람들입니까?

그런가 하면 미래 지향적인 사람이 있습니다. 진취적인 듯 하지만 이 사람은 손에 잡히지도 않은 미래를 보며 오늘이라는 시간을 잡아먹고 사는 사람입니다. 언젠가는 좋은 날이 오겠지 하는 기대 속에 장밋빛 환상을 가슴에 안고 살아가는 사람들입니다.

인생에 있어서 과거가 중요하지 않은 것은 아닙니다. 그리고 미래 또한 소중하지 않은 것이 절대 아닙니다. 지나간 과거가 오늘의 나를 이루어 놓은 초석이며 닥쳐올 미래 또한 현재의 나의 삶을 가능케 하는 활력소임에는 틀림이 없습니다. 우리는 과거를 잊어서도 아니 되며 미래에 대한 소망 또한 흐릿해서도 안 됩니다.

그러나 어제를 살아왔고 또 내일을 살아가야 할 성실한 주님의 자녀들에게 있어서 가장 중요한 순간은 언제일까요?

2. 오늘 본문 고린도후서 6:1-2입니다.

언제가 중요하다고 반복하고 있습니까?

1) 과거에 잘 믿었다는 말은 아무런 가치도 힘도 능력도 갖지를 못합니다. 과거에 집사, 장로, 교사였으나 지금 그렇지 못한 것은 아무런 자랑거리가 못됩니다. 과거에 철야 기도하고, 금식 기도하고, 특별 기도한 것은 지금 그렇지 못한 이에게 아무런 효험이 되지 못합니다. 과거에 십일조 생활, 봉사 생활, 청년 회장, 선교회 회장한 것이 지금 우리에게 은혜의 효험이 될 수는 없습니다. 과거에 잘 믿었다는 말이나 앞으로 잘 믿을 것이라는 말은 다함께 그리스도인의 삶에 있어서 아무런 가치도 갖지 못합니다.

삼손도 한 때는 하나님의 일을 했고, 사울왕도 한 때는 택함을 받았고 예언도 했으며 나라를 다스리기도 했습니다. 가롯 유다도 한 때는 주님과 같이 전도도 하고 능력도 행하였습니다. 스탈린도 한 때는 신학교에 다닌 적이 있었으며 성경도 제법 알았으며, 김일성도 한 때 주일학교에 다녔다고 합니다. 과거에 사는 사람은 하나도 중요하지 않습니다. 문제는 현재, 오늘, 바로 지금입니다.

2) 또한 옛날에 금송아지 가졌다는 사람 겁 안 나듯이 앞으로 백만장자 되겠다는 사람, 또한 신임이 안 갑니다. 과거에 잘 믿었었다는 사람 별로 신통치 않듯이 앞으로 잘 믿어 보겠다고 다짐만 하는 사람, 두고 보자는 사람 무섭지 않듯이 역시 별로 기대할 것이 못됩니다. 문제는 지금입니다. 신앙이란 바로 현재의 결단이요, 지금의 실행이요, 오늘의 성실성일 뿐입니다. 과거에 대한 후회도 미래에 대한 호언장담도 신앙인의 진실성을 입증해 주지는 못합니다.

"앞으로 자리 잡히면 저도 잘 믿어 보겠습니다" "적금 끝나면 십일조 하겠습니다" "우선 급한 불 좀 끄고 교회 봉사도 열심히 하겠습니다"하시는 분들께 말합니다. 사람이란 오늘을 보아 내일을 알 수 있는 법이며 지금을 보아 훗날을 예측할 수 있는 법입니다. 과거에 잘 믿었던 사람을 하나님은 요구하시지 않으십니다. 그리고 주께서는 앞으로 잘 믿을 사람을 요구하지도 아니하십니다.

하나님께서 찾으시는 사람은 지금 은혜를 사모하고 지금 구원받기를 갈구하는 심령들입니다. 신앙이란 현재적 결단이요, 이 순간에다 생명을 거는 것입니다. 신앙이란 영원한 현재 진행형입니다. 과거 완료형이 아닙니다. 미래완료형은 더더구나 아닙니다. 지금 믿는 것입니다. 지금 기도하는 것입니다. 오늘 전도하는 것입니다. 오늘 헌신하는 행위입니다.

3. "여호와를 만날 만한 때에 찾으라. 가까이 계실 때에 그를 부르라!" 내일도 날이고 모레도 날입니다. 그렇습니다. 내일도 날이고 모레도 날임에는 틀림이 없습니다.

그러나 내일이 나의 날일지는 확실하지 않습니다. 모레가 바로 나의 날일지는 불분명합니다. 하나님께서는 오늘 나를 부르십니다. 지금 하나님께서는 가까이 계실 때라고 말씀하십니다. 지금이 만날 만한 때라고 이야기하십니다. 불투명한 미래에 대하여 확실한 믿음을 투자한다는 것은 어리석은 일입니다. 확실한 오늘에 대하여 분명한 신앙을 투자하십시오!

사랑하는 성도 여러분, 오늘이 중요합니다! 오늘을 그냥 보내는 이는 결국 한 해를 그냥 보내게 될 것입니다. 오늘 결단하지 못하고 미루는 이는 결국 일생 동안 단 한 번도 주님 앞에서 결단하지 못하고 가게 될 것입니다.

오늘 주님의 은총을 사모하며, 갈구하고, 오늘 주님을 만나며, 오늘 주님께 순종하고, 오늘 자신의 삶을 결단하고 주님을 쫓으십시오. 바라건대 오늘 우리 주님께서 여러분을 더욱 강건하게 붙드시기를, 올 해 순종하는 여러분에게 복 주시기를 소망합니다.

☛ 내게 주신 은혜 나누기

오늘 나는 이런 은혜를 받았습니다.

1월-3과

말과 혀, 그리고

*** 찬 송 : 220장, 508장**

우리 그리스도인은 모두 빚쟁이입니다. 우리는 모두 빚지고 살아가고 있는 중입니다. 어떤 빚을 얼마나 지고 있는지 아십니까?

요일4:11은 "사랑하는 자들아 하나님이 이같이 우리를 사랑하셨은즉 우리도 서로 사랑하는 것이 마땅하도다"하고 말합니다. 여기서 "마땅하도다"라는 헬라어 원어는 "빚을 갚아야 한다"라는 뜻입니다.

우리가 하나님의 사랑을 받은 것, 빚입니다. 예수님께서 십자가에서 돌아가신 구속의 사랑, 빚입니다. 이 빚, 우리가 평생 갚아야 할 빚입니다. 우리가 하나님 앞에 설 때에 하나님께서는 우리에게 물으실 것입니다. "너는 내가 네게 베푼 사랑의 빚을 얼마나 갚고 왔느냐? 얼마나 이웃을 사랑하다 왔느냐?" 반드시 물으실 겁니다.

그러므로 우리가 사랑을 하는 것은 내가 착한 사람이기에 하는 것이 아닙니다. 내가 본래 선한 사람이기에 하는 것 아닙니다. 내가 기분이 좋아서 하는 것 아닙니다. 무언가 대가를 바라고 하는 것도 아닙니다. 그것은 빚을 갚는 것입니다. 빚을 갚으면서 대가를 요구할 수 있습니까? 하나님의 빚을 갚으십시오. 큰사랑의 빚을 진 사람일수록 크게 갚으십시오. 엄청난 축복을, 말로 다 못할 은혜를 받은 사람일수록 힘을 다해 갚으십시오. 어떻게 갚을까요? 사랑함으로 갚아야 합니다.

가족, 친지, 이웃들에게 사랑함으로 이 빚을 갚으십시오. 가족, 친지가 모일 때, 여러분, 우리가 하나님께 진 빚을 갚을 기회입니다. 사랑함으로 빚을 갚읍시다. 그럼 어떻게 사랑해야 할까요?

1. **요한일서 3:15-24을 읽읍시다.** 어떻게 사랑하여 빚을 갚을 겁니까?

1) 뭐 하지 말아야 한다?(15)

여기서 여기에서 미워함이란 상습적으로 미워하는 것을 말합니다. 집안에도 그런 사람 있지 않습니까? 괜히 늘 미운 사람, 싫은 사람,... 무조건 미워하지 맙시다. 그러니까 15절의 말씀은 “**집안의 형제를 언제나, 선입견을 갖고 늘 미워하는 자는 살인하는 자니....**”라는 뜻입니다.

2) 무엇을 갖고 어려운 형제들을 도와주라?(17)

그러기 위해서 측은한 마음, 도와주어야지 하는 마음이 들 때, 그 마음을 막지 마십시오. 그 선한 마음이 들 때, 굳이 외면하지 마십시오. 측은함, 긍휼히 여기는 마음이 들 때, 그 자리에서 재물로 도와주십시오. 그 마음조차 막는 이들에게 하나님의 사랑이 깃들 수 없다고 성경은 단언합니다. 냉정한 이에게 하나님의 사랑이 풍성할 수 있을까요?

3) 말과 혀로써 뭘 하라?(18)

형제들에게 따스한 말을 건네십시오. 상대방을 칭찬하는 황금 같은 말을 하십시오. 속으로만 자신이 사랑이 많다고 생각하지 말고, 정이 듬뿍 담긴 한 마디 말을 건네십시오. 어떤 이는 오래간만에 만나서 반가운 데도 그것을 표현한다는 것이, "에그 이 문둥이들 또 만났네"합니다. 예뻐졌구나 해도 되는 걸, 대뜸 "너 돼지같이 더 뚱뚱해졌구나, 살 좀 빼라"하는 이도 있습니다. 밑천 안 드는 말과 혀로써 사랑하십시오. 상대방에게 격려가 되는 말과 혀로써 사랑하십시오.

4) 그것만으로는 부족하니 뭐로 사랑하라?(18)

말로만 사랑하는 것이 아니라 실지 사랑해야 합니다. 뜨겁게 사랑하자고 하였으면 실지 뜨겁게 사랑해야 하는 것입니다. 저절로 뜨겁게 사랑해지는 게 아닙니다. 행함이 있어야 하는 것이며, 반드시 진실이 있어야 하는 것입니다.

사랑하기를 원하십니까? 그러면 사랑을 행하십시오. 어려운 일이 아닙니다. 행하면 됩니다. 너무 어렵게 생각 마십시오. 행하십시오. 행하되 진실함으로 하십시오. 평생토록 "내일은 사랑해야지"하고 생각만 하다가 그냥 세상을 떠나는 사람들이 얼마나 많은지 모릅니다. 식구들에게, 아내에게 사랑한다는 말 한마디 해야지 해야지 하다가 한 번도 고백하지 못하고 세상 떠나는 남편들도 무척 많습니다.

사랑을 행하십시오. 큰 것만 생각하지 말고, 작은 것에서, 사소한 일에서부터 사랑을 시작하십시오. 그것이 큰사랑을 행하는 출발점입니다.

2. **형제 사랑에 대해 자책감이 없는 사람, 형제를 미워함이 없이 깨끗한 사람, 하나님 앞에 복을 받습니다.** 왜? 그 사랑 행함이 하나님께서 기뻐하시는 것이기 때문입니다. 어떤 복? 주의 말씀에 순종한 바, 주님께서 우리의 기도를 속히 들으시고 응답하십니다.(22)

빚은 갚지 않고 미루기만 하면 이자만 늘어날 뿐입니다. 다음부터 하지 다음부터 하지 하고 자꾸 미루기만 하면 점점 더 어려워집니다. 여러분 가정에서, 직장에서, 혈육의 만남에서 이 빚을 갚을 수 있는 기회가 많기를 바랍니다. 그리하여 하나님의 기뻐하시는 가운데 여러분의 그 간절한 기도들에 속히 응답해 주시는 역사가 있기를 소망합니다.

☛ **내게 주신 은혜 나누기**

✎ **가족을 더 사랑해야 한다면 내가 고쳐야 할 것은 뭡니까?**

✎ **교회에선 또 무엇이겠습니까?**

1월-4과

내 교회를 세우리니

*** 찬 송 : 208장, 210장**

교회의 주인은 누구입니까? 세상만사 모든 것이 주인이 있는데, 교회의 주인은 누구입니까? 목사인가요? 많은 이들이 그렇게 생각합니다. 특별히 목사가 개척해서 일어선 교회일수록 그런 생각이 강합니다. 그래서 목사가 교회를 혼자서 좌지우지합니다. 어떤 이들은 장로라고 합니다. 그래서 장로가 되면 교회의 모든 것을 이래라 저래라 할 수 있는 가장 큰 어른인 줄 알고 교인과 목회자에 대해 하대하기를 예사로 합니다. 그런가 하면 어떤 이들은 교회의 주인은 교인이라고 합니다. 근대 민주주의의 꽃이 핀 곳이 교회였기에, 교회의 주인은 교인이라고 힘주어 말합니다. 그래서 목사는 목사대로, 장로는 장로대로, 교인은 교인대로 자기가 주인이라고 권리 주장하기에 바쁘고, 이것이 인정받지 못할 때는 그럴듯한 명분을 내세워 싸우고, 분열하기 예사입니다. 정말 교회의 주인은 누구입니까?

1. 마태복음 16:16-20을 읽어봅시다.

1) 18절, **"너는 베드로라 내가 이 반석 위에 내 교회를 세우리니..."** 누가 누구에게 한 말입니까? 그렇다면 교회는 누구의 교회란 뜻입니까?

2) 물론 베드로를 비롯한 사도들의, 목회자들의 열심과 충성으로 교회는 이루어졌습니다. 또한 신자들의 열성 어린 봉사와 헌금으로 이루어졌습니다. 장로와 집사들의 헌신적인 눈물과 희생으로 이루어졌습니다. 그럼에도 주님은 "너희의 교회"라고 말하지 않으시고, 아주 분명하게 주저함 없이 "내 교회"라고 선언하십니다.

내가 헌금 제일 많이 한다고 내 교회가 아닙니다. 내 정성, 눈물, 열심이 제일 많이 쏟아 부어졌다고 내 교회가 아닙니다. 세상에선 돈을 제일 많이 내면, 투자를 많이 하고 주식을 많이 사면 자기 것이 되지만, 교회는 아닙니다. 결코 헌금 많이 냈다고 "네 교회"라고 한 적이 없습니다. 자기 일생을 바쳤다고 "너의 교회"라고 하신 적도 없습니다.

교회는 철저하게 주님의 교회입니다. 그러기에 교회는 주님의 뜻대로 나가야 합니다. 주님의 교회이기에 주님께서 기뻐하시는 일들을 해야 합니다.

2. 그렇다면 이 주님의 교회는 어떤 교회입니까? 교회의 본질, 능력, 사명을 살펴봅시다.

1) 교회의 본질, 교회는 무엇 위에 세워졌다? (18)

그렇습니다. 신앙고백 위에 세워진 곳이 교회입니다. 그러기에 우리들의 교회에서 가장 중요한 것은 믿음입니다. 사회적 식견, 지식, 견해가 아닙니다. 여러분들이 교회에서 목사님에게 듣기를 원하는 것이 무엇입니까? 인류의 역사? 세계정세의 흐름? 미래학? 경제 지식? 부동산이 오를 것인가 아닌가?

철학? 예술? 만담? 증권 시세? 아닙니다! 여러분이 교회에서 목사님에게 듣기를 원하는 것은 그러한 것들이 아닙니다. 신앙적인 교훈, 믿음을 갖고 있는 이들에게 선포되는 하나님의 말씀입니다. 이것이 가장 중요합니다. 주님의 교회는 믿음 위에 세워진 교회입니다. 이 믿음을 가장 중시하는 곳이 교회입니다.

2) 교회는 무엇이 이기지 못하는 곳입니까?(18)

음부(陰府), 뭔지 아십니까? 물론 지옥, 사탄의 세력을 말합니다. 그러나 좀 더 구체적인 의미가 있습니다. 음부라고 번역된 원어는 스올이란 단어인데, 이 단어는 “보이지 않는”이란 뜻입니다.

그러니까 음부의 권세란 보이지 않는 은밀한 사탄의 세력을 말합니다. 교회에는 이런 보이지 않는 사탄의 세력, 음부의 권세가 있습니다. 은밀하게 수군거리고, 은밀하게 부정적 세력을 넓히고, 은밀하게 인간적인 내 생각에 동조하는 이들의 세를 넓혀가고, ... 아닙니다, 주님께서 분명 말씀하셨습니다. 음부의 권세가 이기지 못하리라! 할렐루야! 그러기에 음부의 권세에 동조하지 마십시오. 부정적인 세력에 힘을 얹지 마십시오. 음부의 권세는 교회를 이기지 못한다고 예수님께서 말씀하셨습니다.

3) 교회에겐 무엇이 주어져 있습니까?(19)

이것은 우리가 복음을 전함으로 효능이 있습니다. 그러므로 교회는 복음을 전해야 합니다. 우리끼리만 모이는 것, 우리끼리만 사랑하고, 야 참 좋다 하는 것은 교회로서 의미가 없습니다. 존재 가치가 없습니다. 그것은 주님의 교회가 아닙니다. 인간의 교회이며, 종교적 만족을 위한 인간 집단일 뿐입니다. 교회는 선교함으로 존재하며, 성장합니다. 자기 교회 세력을 확장하기 위한 선교가 아니라, 교인 수 늘리기 위한 전도가 아니라 진정 하나님의 복음을 전하여 불신자들로 구원을 받게 하는 그러한 선교를 교회는 해야 합니다.

이러한 열쇠를 우리 교회에도 주셨는데 우린 그 열쇠를 도리어 감추어 두고 있지는 않은가 반성해 보아야 합니다.

3. **가장 애착을 많이 갖는 이는 가장 손이 많이 간 이입니다.** 가장 수고를 많이 하고, 마음 씀을 가장 많이 한 이입니다. 우리 교회, 가장 애착을 많이 갖고 있는 이가 누굽니까? 피값으로 교회를 세운 분이 가장 애착을 갖지 않을까요?

그러기에 교회는 주님의 교회요, 주님께서 살피십니다. 이 교회를 더욱 사랑하십시오. 주님께서 당신을 사랑해 주실 겁니다.

☛ **내게 주신 은혜 나누기**

2월-5과

계속 타오르십시오.

*** 찬 송 : 191장, 176장**

열 처녀 비유를 읽으면 오해하는 이들이 있습니다. 신랑 한 사람에, 신부 열 명이라고. 그래서 일부다처제를 성경이 권하고 있다고 오해하는 이들이 있습니다. 정말일까요?

아닙니다. 유대인 결혼 관습에 신랑이 신부 집에 올 때, 신부 친구들이 신부와 함께 기다리다가 신랑을 맞이하여 함께 잔치를 벌인다고 합니다. 열 처녀는 신부가 아닙니다.

1. 오늘 본문 마태복음 25:1-13을 묵상합시다.

2. 자, 몇 가지 질문을 통해 본문을 살펴봅시다.

1) 신랑이 기대한 시간에 도착하였습니까? 왜 늦었을까요?

- 우리가 모를 일은 한 두 가지가 아닙니다. 쓸 데 없는 일에 마음 두지 말고, 우리가 힘써야 할 일에 힘쓰는 게 지혜입니다.

2) 신랑을 기다리는 신부 친구들은 반드시 무엇을 갖고 있어야 합니까?

3) 그것도 어떤 상태로 갖고 있어야 합니까?

-> 등은 있어요. 그런데 뭐가 없다? 오늘날 교인들 중에도 이런 이들이 많습니다. 등은 다 있어요. 척 보면 '아, 그리스도인이구나'하는 모양새는 다 있습니다. 그런데 그리스도의 불을 계속 밝힐 기름이 없습니다. 봉사하고 픈데, 기도하고 픈데, 충성해야 하는데 ... 마음뿐이지 정작 그것을 하려면 할 수가 없습니다. 왜? 기름이 없어요. 성령이 없어요. 성령 충만해야 하는데 ... 맘만 먹고 있을 뿐입니다.

4) 불이 꺼져가는 5처녀들, 애당초 기름이 없었을까요?

-> 점검해 보세요. 확인해 보세요. 지금 있다고, 그게 과연 끝까지 갈 것인지. 겨우 어느 정도 있는 것으로 만족하고 있다면 나도 어디에 속할 가능성이 많은가요? 한 때 반짝하고 비시시 꺼지지 마세요.

5) 이 5처녀가 졸았기에 문제가 있다고 여기는 이들도 있는데, 정말 조는 것은 잘못된 것입니까?

-> 졸아도, 준비된 이들은 아무런 문제가 없었음을 아십니까?

6) 주님은 언제 오실까요?

3. **주님이 언제 오시는지 아무도 모릅니다.** 그러나 그 때가 언제이든 우리의 등불은 그 때까지 계속 활활 타오르고, 불이 붙어 있어야 한다는 겁니다. 자신 있습니까? 지금 은혜 받은 것으로 그 때까지 내 믿음의 등불은 활활 타오를 자신이 있습니까?

이 등이 꺼져서는 안 됩니다. 계속 타올라야 합니다. 이 정도쯤 탔으면 됐다 싶어 스스로 가름하여 적당하게 기름을 준비했다가 낭패를 당한 미련한 처녀들이 되어서는 아니 됩니다. 이 정도 발전했으면, 이 정도 일했으면 하며 꺼져가는 등불로 만족하는 버림받는 처녀들이 되어서는 아니 됩니다. 전도도, 봉사도, 기도도, 용서도, 인내도, ... 이 정도면 하고 멈추려는 이들이 있을 때 그 교회는 더 이상 성장이 어렵습니다.

오늘 말씀을 한마디로 표현하라면 이렇게 표현할 수 있습니다. "불타는 등불" 꺼질 줄 모르고 계속 타오르는 등불, 이 등불이 계속 타오를 수 있는 비결은? 넉넉히 준비된 기름 때문입니다. 이 불타는 등불을 우리의 신앙생활로 다시 표현한다면 "풍성한 신앙"이라고 할 수 있습니다. 신앙생활을 하는데 풍성하게 신앙 생활하는 것! 궁티 나게 신앙 생활하는 것이 아닙니다. 겨우 겨우 명맥이나 이어가는 신앙 생활하는 것이 아닙니다. 뭔가 풍성하고 흘러 넘쳐 남에게 줄 수 있는 여유 있는 신앙생활! 이것이 주님이 말씀하시는 복 있는 신앙생활입니다.

올 해는 이런 신앙생활 하시기 바랍니다. 여러분의 아름다운 신앙생활, 봉사, 헌신, 충성, ... 모두 풍성하여 계속 타오르는 역사가 있기를 바랍니다. 중도에 끝나는 아쉬움 없는 열정이 내내 충만한 한 해가 되기를 바랍니다.

☛ **내게 주신 은혜 나누기**

✍ **오늘 나는 이런 깨달음이 옵니다.**

2월-6과

십일조를 아십니까?

*** 찬 송 : 311장, 50장**

어느 집사님이 목사님께 나아와 물었습니다. '목사님, 십일조는 무엇을 기준으로 십일조 입니까? 보너스도 쳐야 합니까? 과외로 들어온 것은 해당되지 않지요? 순수한 생활비의 십일조가 정확하지요?' 정확한 십일조에 대해 이것저것 묻습니다.

그러자 목사님이 이렇게 묻자 입을 다물더랍니다. "집사님, 왜 그렇게 복잡하게 따지며 물으세요? 십일조를 더하고 싶어서 그런 겁니까, 덜 내고 싶어서 그런 겁니까?"

십일조 말이 나오면 참 마음에 부담스러워하는 이들이 많습니다. 목사인 나도 십일조 설교 하려면 부담스럽습니다. 그러나 우리가 하나님의 백성으로 모른 체 할 수 없는 것이 바로 이 십일조 입니다. 올해는 십일조 생활에 성공하기 위해 하나님의 말씀에 귀 기울여봅시다.

1. 오늘 본문은 신명기 14:22-29입니다.

1) 십일조는 율법인데, 예수님 이후, 우리는 은혜의 시대에 살기에 십일조는 필요 없는 것이 아닙니까? 그저 은혜에 감격하여 자발적으로 드리는 시대가 아닙니까?

ㄱ. 창 14:20
ㄴ. 창 28:22

- 아브라함, 야곱, 모두 율법을 받은 모세보다 훨씬 앞 선 선조입니다. 즉 율법이 생기기 전의 인물입니다. 그런데 이들은 왜 십일조를 운운합니까? 율법에서 십일조를 명하기 훨씬 이전인데?

2) 예수님의 십일조에 대한 가르침을 볼까요? 마 23:23!

- 예수님은 십일조에서 머물 게 아니라 그보다 더 고귀한 도덕, 영적 상태까지 나아가라고 명하십니다. 그러니까 십일조는 기본이란 말씀입니다.

2. 십일조가 그리스도인에게 왜 기본입니까?

ㄱ. 본문 신14:22은 우리에게 뭐라 합니까?

ㄴ. 그것은 명령형입니까, 권면형입니까? 이에 순종하면 어떻고, 불순종하면 어떤 겁니까?

- 그러니까 이 명령, 즉 십일조를 명하심에 순종하는 것은 하나님이 자신의 주인 되심을 고백하는 행위입니다.

ㄷ. 하나님의 백성이 하나님 경외함을 배우는 길은 뭡니까?(23)

3. 십일조는 어디에 드려야 합니까? (23)

- 하나님께서 지정하신 곳, 성전에 드려져야 합니다. 십일조 갖고 선심 쓰듯이 여기저기 어려운 기관에 성금 내듯이 보내는 이들이 있고, 이 교회 저 교회 나누어 보내는 이들이 있는데, 올바른 십일조가 아닙니다. 하나님께서 자신을 위해 정해 주신 그곳, 그 성전, 자기가 속해 있는 교회에 올바른 십일조를 드려야 합니다.

4. 십일조 사용 시 주의 사항이 있습니다. 23절에 누구의 곡식, 포도주, 기름의 십일조라고 합니까?

- 남의 십일조 갖고 선심 쓰지 말고 자기 십일조를 드려야 합니다. 그러기에 교회에서 헌금 사용은 신중해야 하고, 적어도 제직이라면, 교회 재정을 쓰는 이라면 십일조를 드리는 이어야 합니다. 자기는 십일조를 드리지도 않으면서, 남이 드린 십일조를 갖고 자기가 선심 쓰듯 교회 재정을 펑펑 쓰는 것은 하나님의 말씀에 위배됩니다.

5. 그러면 교회에서 너무 재물, 헌금을 강조하는 것 아닙니까? 없는 사람은 교회 제직이 못 된다는 말입니까?

- 결코 그렇지 않습니다. 성경은 십일조 드림을 강조하는 것이

지 그 규모를 말하는 게 아닙니다. 부자건 가난한 이건 십일조는 하나님 공경의 예입니다.

6. **하나님께서 십일조를 강조하심에는 누구를 배려함이 있습니까?** 하나님께서 물질이 궁하셔서 그런 것입니까? (29a)

7. **이 십일조에는 어떤 축복이 약속되어 있습니까?** (29b, 잠 3:9-10, 말 3:10)

8. **십일조는 단순한 재물드림이 아닙니다.** 그건 신앙의 훈련입니다. 신앙 고백입니다. 그러기에 초신자에게는 그걸 강요할 필요가 없습니다. 믿음도 아직 없는데 어찌 십일조를 운운한단 말입니까?

그러니까 어느 날 초신자였던 이가 십일조를 드렸다는 것은 뭘 뜻하는 겁니까? 그건 축하해주어야 할 일입니다. 수입이 늘었기에 축하해주는 게 아니라 믿음이 생겼고, 자랐다는 것을 축하해 주어야 합니다.

그렇다면 중견신자가 십일조 생활에서 초신자만큼 힘써야 할 것은 뭘까요? 그건 말라기를 통해 하나님께서 말씀하신 것처럼 '온전한 십일조'입니다. 온전한 십일조! 얼마가, 뭘 기준으로 한 것이 온전한 십일조입니까? 자기만이 알 수 있습니다. 자기 신앙 양심, 자기 믿음의 분량에 합당하게 드리십시오. 그러면 우리 하나님께서 여러분의 생활을 책임져주시고, 하늘의 신령한 창고, 땅의 풍성한 창고로 축복하실 겁니다.

온전한 십일조 생활로 믿음이 더욱 성장하고, 하나님께서 더욱 복 주시는 한 해가 되기를 소망합니다.

☛ **내게 주신 은혜 나누기**

✍ **십일조는 믿음입니다. '나의 믿음 없음을 위해 기도해 주세요'라고 하는 이를 위해 기도해 줍시다.**

2월-7과

동일한 하나님의 자녀

*** 찬 송 : 475장, 500장**

어느 목사님이 시골의 한 작은 교회 부흥회를 인도하러 가셨습니다. 은혜 가운데 부흥회가 잘 진행되었습니다. 그런데 강사 숙소에서 목사님을 접대하는 할머니가 한 분 계셨는데, 늘 성경책을 손에 들고 틈만 나면 열심히 성경을 뒤적이며 읽고 계셨습니다. 그 할머니가 하도 자주, 열심히 성경을 뒤적이며 읽기에 강사 목사님이 관심을 가졌는데, 이상하게도 성경을 읽는 속도가 무척 빨랐습니다. 한 페이지를 펴면 눈으로 쓰윽 보고 그 다음 페이지로 넘어가곤 하였습니다. 목사님이 궁금해서 알아보았더니 할머니는 사람 이름만 읽는 것이었습니다.

그래서 목사님이 물었습니다. “할머니, 내용은 안 읽고 왜 사람 이름만 읽으세요?” “아이구 목사님, 내가 이제 나이 많아 곧 천당에 갈 텐데 성경은 다 읽어서 뭐해요? 그러나 성경에 있는 이 사람들이야 다 천당에 있을 텐데 이름이나 외워 가야 금방 친하게 사귀죠”하며 껄껄 웃으셨습니다.

이 할머니는 적어도 자신의 구원에 대한 확신과 소망이 있었습니다. 이 확신과 소망이 여러분에게도 있기를 바랍니다.

1. 오늘은 긴 본문을 한번 읽어봅시다. 교독이나 윤독을 해도 좋을 듯 합니다. 창세기 10:1-32절입니다. 이중에 천국에서 만날 이도 있을지 모릅니다. 이름 잘 기억해 둡시다.

2. 자, 이 긴 성경 본문이 우리에게 오늘 말씀하고 있는 것은 뭘까요?

1) 우리 인류는 한 혈통임을 말하고 있습니다. 우린 피부색, 언어, 음식, 취향이 모두 달라도 한 형제임을 말합니다. 애당초 하나 되게 하나님께선 인간을 지으셨습니다. 서로 공통점이 있습니다. 공통분모가 같습니다. 희로애락애오욕이 같습니다. 그러기에 우리와 전혀 다른 정서의 외국 영화를 보면서 우린 감동을 받기도 하고, 눈물을 흘리기도 합니다. 왜 그럴까요? 우리는 본래 한 인간, 형제요 자매였기 때문입니다.

2) 그러나 모두 스타일이 다릅니다. 한 가족이었지만, 번성하여 흩어져 살게 되며 각자가 다른 스타일들을 갖고, 그 기후, 환경에 적응하여 살게 되었습니다. 이것을 인정해야 합니다. 근본은 같지만 서로의 차이점, 스타일은 인정해 줘야 합니다. 여기에 서로 우열을 가져선 안 됩니다. 민족 우월주의가 세계 전쟁을 부릅니다! 서로의 문화, 언어, 사고방식 등등 스타일이 다름을 인정해 주고 존중해 주어야 합니다.

3) 그러기에 하나님은 어느 민족만을 특별히 사랑하는 게 없습

니다. 모두들 똑같이 사랑하십니다. 편중되어 있는 게 없습니다. 그럼에도 하나님의 사랑을 독차지한다고 여기는 것, 잘못입니다.

이스라엘, 하나님께서 이들을 택한 이유가 뭡니까? 잘났기 때문에? 아닙니다. 가장 못났기에, 그래서 못난 민족 들어서 하나님 자신의 뜻을 보여주고파서, 그 도구로 택하신 것입니다.(신7:7) 그러기에 예수님은 분명, '하나님이 세상을 이처럼 사랑하사'라고 하셨습니다. '이스라엘을 사랑하사' '백인을 사랑하사' ... 이런 게 없습니다.

4) 그러기에 하나님께선 세계 모든 인류를 사랑하시기에 해외선교의 사명을 주셨습니다. 모두 같은 한 형제인데, 누구는 살고, 누구는 죽어서 되겠습니까? 온 인류가 한 혈통에서 났다면, 그 경험하는 바, 고민, 죄의 문제, ... 모두 동일합니다. 소망, 두려움, 소원, 유혹, 불안, 양심의 가책, 죄의 형벌, ... 모두 같습니다. 모두 똑같이 느낍니다. 그래서 예수님께서 승천하시기 전에 우리들에게 명하신 것이 있습니다. 기억하십니까?(마 28장 안에 있습니다.)

3. 인류의 종말과 심판이 기록된 요한계시록을 공부하고 나면 2번 운다고 합니다. 한 번은 그 무서운 심판을 당하지 않게 구원받음에 감사하여 울고, 또 한 번은 불신의 내 가족, 친구들이 그렇게 당할 것을 생각하니 마음이 아파서 운다고 합니다.

선교의 사명에 더욱 눈을 떠가야 합니다. 저들이 모자라고 못나서가 아닌 우리와 똑같은 형제와 자매이기에, 하나님의 형상을 닮은 존귀한 자들이기에, 사탄의 권세 하에 복음을 듣지 못하고 멸망으로 끌려가기에 저들에게 가서 전해야 합니다. 그래야 천국에서 만날 것 아닙니까?

☛ **내게 주신 은혜 나누기**

✎ 내가 늘 기도하는 선교사는 누굽니까? 선교사를 후원하는 것은 기도로, 또는 물질을 보냄으로, 현장에 직접 방문하여 참여하는 방법이 있습니다. 오늘은 할 수 있다면 세계지도를 펴놓고 선교와 선교사님들을 위해 기도하고 마칩시다. 그리고 선교 사역에 적극 동참함을 결심합시다.

2월-8과

기름부음 받은 민족의 언약

*** 찬 송 : 508장, 510장**

일본, 이상하게도 그리 좋은 감정이 생기지 않습니다. 우리에게 큰 아픔을 주었기 때문일 겁니다. 그러고도 제대로 된 사과 한 번 안 하는 그 뻔뻔함에 더욱 그럴 겁니다. 그래서 작년엔 정치적인 상황까지 겹치며 극으로 치달은 반일감정과 갈등이 있었습니다. 이들을 어떻게 할까요?

1. 이사야 61:1-11을 묵상합시다.

이 말씀은 메시아가 세상에 오셔서 하실 일을 예언한 것인데, 누가복음의 기록에 의하면 예수님께서 당신에게 이 일이 이루어졌음을 선언하셨습니다.(눅 4:18-19)

메시아가 하실 일을 살펴봅시다. (1-3)
첫째, 가난한 자에게 무엇을? 아름다운 소식을!
둘째, 마음이 상한 자를 어떻게? 고치며
셋째, 포로된 자에게 자유를!
넷째, 갇힌 자에게 놓임을!
다섯째, 여호와의 은혜의 해와 하나님의 보복의 날을 전파!
여섯째, 모든 슬픈 자를 위로!

그래서 결국 3b **"곧 여호와께서 심으신 그 영광을 나타낼 자라 일컬음을 받게 하려 하심이라"**

2. 예수님께서 우리민족에게 하신 일이 바로 이것입니다. 정말 다행스러운 것은 일제가 우리를 압제하기 바로 직전에 이 땅에 복음이 먼저 들어왔다는 것입니다. 그러기에 그 암울한 시기에 우리는 복음으로 소망을 갖고 예수님께 부르짖으며 그 고통의 세월을 이겨냈고, 마침내 주님께서도 우리를 불쌍히 여기사, 당신이 메시아로서 이 세상에 오셨던 그 사명, 그 사역들을 이 땅에 베푸셨다는 것입니다.

우린 이방인이었습니다. 우린 형편없는 영적 미숙아였습니다. 그런데 주님께서 우리를 찾아오셨습니다. 그리곤 놀라운 일을 이루셨습니다. 그러기에 세계는 오늘날 우리를 보고 깜짝 놀랍니다. 주님께서 행하신 이 위대한 일을 보고 놀랍니다. 기독교국가가 아니면서도 전체 인구의 1/4이 기독교인임을 놀라고 있습니다. 엄청난 교회 규모에 놀라고, 주의 종이 되겠다고 신학교로 몰려오는 총명한 학생들을 보고 놀라고 있습니다. 전 세계에 내보낸 선교사 규모가 미국 다음으로 2위입니다. 실로 대한민국은 하나님께서 쓰시고자 택하신 동방의 민족입니다.

3. 그러기에 오늘 말씀에 의하면 우리에겐 사명이 주어져 있습니다.

첫째, 무엇을 쌓고, 일으키고, 중수해야 합니까?(4)

- 세계 곳곳에 교회가 무너져 있습니다. 이런 곳을 우리가 다시 쌓아야 하는 사명이 주어졌습니다. 오래 황폐되고 무너진 그리스도의 정신을 다시 새롭게 해야 합니다.

둘째, 무슨 일컬음을 받는답니까?(6)

- 제사장이란 뭡니까? 세계를 품고 기도하십시오. 내 가정, 내 식구, 내 교회에만 기도가 머물러 있다면 이 사명을 감당하기 어렵습니다.

셋째, 사람들이 우리를 누구라고 부른답니까?

- 하나님의 일군으로 우리는 봉사해야 합니다. 내가 하나님의 축복의 도구가 되어야 합니다. 미국에 정말 어려운 한인 교회가 있었습니다. 멀리서 강사를 청하여 집회를 하였는데, 감사헌금이 강사비에 턱없이 모자라게 나왔습니다. 목사님은 당신이 타고 다니던 차를 팔아 강사의 비행기 값으로 드렸습니다. 교인들의 마음이 아팠습니다. '하나님, 우리 목사님께 차를 하나 주세요.' 열심히 기도했습니다.

그러는 중, 한 유명한 의사인 강사가 간증집회 차 이 교회에 왔다가, 목사님에게 차가 없는 것을 보고 자초지종 사연을 들었습니다. 이에 감동이 온 강사는 자기가 타고 온 차를 목사님께 드렸고, 매우 미안해하는 목사님께 이렇게 말했습니다. "목사님, 미안해하실 것 없습니다. 오히려 나는 감사하고 있습니다. 교우들의 간절한 기도에 하나님께서 응답하시기 위해 나를 이곳에 보내셨으니, 나를 통하여 교우들의 간절한 기도가 응답 되었으니 얼마나 나에겐 영광입니까?"

하나님의 봉사자, 하나님의 손, 하나님의 발로 살아야 합니다. 우린 이제 세계를 섬겨야 합니다. 어려운 이들을 도와야 합니다.

4. 이렇게 우리가 산다면 하나님께서 우리 민족에게 세우신 언약이 하나 있습니다. 뭔가요?

9절을 읽어봅시다. **"그들의 자손을 뭇 나라 가운데에, 그들의 후손을 만민 가운데 알리리니 무릇 이를 보는 자가 그들은 여호와께 복 받은 자손이라 인정하리라"**

우리에게 주어진 사명을 감당합시다. 하나님의 약속을 믿고 용기를 내어 황폐하고 무너진 그리스도의 정신, 사랑을 다시 세우며, 하나님의 제사장으로, 그리고 하나님의 봉사자로서 우리의 세계에 향해진 사명을 감당합시다.

우리에게 한 때 고통을 준 일본을 잊어서는 안 되겠지만, 그 보다도 더 잊어선 안 될 것은 우리에게 자유와 기쁨을, 용기를 주셨던 하나님의 뜻을 잊어선 안 됩니다. 그 분께서 약속해 주신 그 놀라운 축복들을 잊어선 안 될 것입니다.

어쩌면 우리는 기름 부음을 받은 민족입니다. 마지막 때에 특별히 쓰시기 위해 선택하시고 세우신 기름 부음 받은 민족입니다. 우리들에게 주어진 사명을 감당하여 하나님의 복된 약속을 후손에게 물려줄 지혜로운 민족이 됩시다.

☛ **내게 주신 은혜 나누기**

✍ **오늘은 일본을 위해, 그리고 우리의 후손들을 위해 기도합시다.**

3월-9과

거룩한 감정을 위하여

*** 찬 송 : 549장, 289장**

감정적인 사람이라고 하면 좀 듬직하지 못한 사람인 것같이 느껴집니다. 왠지 가볍고 경망스러운 사람인 것 같은 인상이 듭니다. 그러나 감정이란 그리 부정적인, 어두운 것이 아닙니다. 감정은 본래 하나님께서 우리에게 주신 선물입니다. 뭔가를 이루도록 하기 위해 주신 에너지입니다. 어떤 감정이 충만할 때 우리는 그 일을 기꺼이, 기쁨으로 감당해 냅니다. 감정 없이 일한다는 것이 얼마나 어려운 일인지 모릅니다. 그러기에 감정은 하나님께서 우리에게 주신 우리 삶의 에너지입니다.

1. 오늘 본문 학개서 1:12-15을 묵상해 봅시다.

2. 본문의 배경은 이렇습니다. “축제”라는 이름의 뜻을 가진 학개는 주전 538년 바벨론에서 제 1차 포로 귀환 때에 스룹바벨과 함께 돌아온 선지자입니다.

그들은 하나님의 약속대로 70년 만에 바벨론에서 해방되어 예루살렘으로 돌아왔습니다. 그리곤 2년 후인 주전 536년에 성전을 재건하기 시작하였으나, 사마리아 사람들의 방해와 백성들의 무관심으로 성전 건축은 곧 중단되고 말았습니다. 그리고 중단된 지 16년이 흐르는데도, 그들은 성전을 지을 생각을 하지 않았습니다. 때가 아직 아니라고 말입니다. 그러면서도 자기들 집 짓는 일에는 열중이었습니다.

이들을 향해 학개는 하나님의 말씀을 선포합니다. 뭐라고?(13)

3. **임마누엘! 내가 너희와 함께 하노라!** 이 말씀은 대대에 이스라엘 백성들에게 복이 되는 말씀입니다.

하나님이 나와 함께 하심을 믿습니까? 이것이 얼마나 중요한 역사인지 메시아 예수님을 보내시며, 그 별칭을 '임마누엘', 즉 하나님이 우리와 함께 하신다는 뜻을 붙여주셨습니다.

그렇습니다. 예수님을 믿는 이들, 예수님을 마음에 주인으로 모시고 사는 이들, 늘 예수님의 이름으로 살아가는 이들, 그들은 누구와 함께 하고 있는 것입니까?

예수님을 많이 묵상하십시오. 하루 생활 속에서 예수님 생각을 많이 하십시오. 예수님의 이름으로 모든 것을 하십시오. 그러면 하나님, 만군의 하나님, 위대한 창조주인 하나님께서 나와 함께 하십니다. 그 분이 나와 함께 하신다면 내게 능치 못할 일이 뭐가 있겠습니까? 나는 능력도, 힘도 없지만, 그 분의 힘과 능력이 내게 있으니 두려울 게 뭐가 있겠습니까? (혹, 문제가 있는데, 내 힘으론 어림없고, 하나님께서 이렇게 도와주시면 되겠다 싶은 게 있습니까? 서로 입으로 시인하며, 위해서 기도해 주십시오. 역사가 있을 겁니다.)

게다가 이런 믿음, 하나님이 나와 함께 하신다는 확신을 갖는 이들에게 하나님께서 주시는 놀라운 은총, 거룩한 은총이 있습니다. 학개의 이 선포를 듣는 백성들에게 하나님께선 어떻게 하셨습니까? (14)

4. **감동시키시매! 개역 성경에는 이것을 '흥분시키시매'라고 합니다.** 감정이 격동한다는 뜻입니다. 욕정과 옳지 못한 욕심을 향한 감정의 격동은 위험합니다. 그러나 선한 일에, 옳은 일에 일어나는 감정의 격동은 성령의 통제 하에 우리를 감동시키고, 역사를 이루게 합니다.

삶이 고달프고, 힘들고, 재미가 없고, 뻑뻑하고, ... 왜 그럴까요? 감정이, 감동이 없기 때문입니다. 감정은 하나님께서 우리에게 주신 선물이요 에너지입니다. 하모니를 이루는 음악을 들으며 생기는 감정은 우리의 우울함을 순식간에 날려 보냅니다. 한 폭의 좋은 그림을 감상하고, 아름다운 이야기를 들을 때 생기는 감동은 세상이 여전히 아름답다고 여기게 합니다. 예쁜 꽃 한 송이가 주는 감정은 침체된 우리의 의욕을 다시금 일어서게 하며 하나님의 아름다운 창조를 노래하게 합니다. 감정은 실로 우리의 삶을 뜨겁게, 새롭게 변화시키는 에너지입니다. 이 에너지가 요즘엔 더 넘쳐나기를 바랍니다.

5. **한 가지 묻습니다.** 설교를 듣는 이유가 뭡니까? 하나님의 음성을 듣기 위해서! 옳은 대답입니다. 그러나 듣고 나서 뭐 하려고요? 단순히 들으려고? 궁금한 것을 풀려고? 종교적 만족을 위해서? "야, 그 말씀 정말 하나님 말씀이다!"하려고? 여러분이

하나님 말씀의 진위를 판가름하는 재판관입니까? 아닙니다. 그러면 왜 하나님의 말씀, 설교를 듣습니까?

이유가 있습니다. 여러분 안에 잠자고 있는 거룩한 감정을 불러일으키기 위해서입니다! 세속 속에 찌들어 있는 자신의 영혼을 위하여, 유약해 질대로 유약해진 자신의 결단과 양심, 순수를 위하여 거룩한 감정들을 불러 일으켜 거룩한 에너지를 얻기 위해서입니다.

설교를 통하여 거룩한 감정에 충만 하십시오. 말씀 속에 우리는 거룩한 감정에 충일해지고, 성령께서 감동시키는 역사를 체험하게 됩니다. 그리할 때 우리는 위대한 하나님의 역사를 이룰 수 있습니다. 우리가 결코 거룩한 감정에, 거룩한 감동에 취하지 못한다면 우리는 거룩한 역사를 이룰 수 없습니다. 그건 늘 생각뿐이요, 마음속에 머무는 누각입니다.

저속한 감정이 충만한 사람은 저속한 사람이 될 확률이 큰 반면에 거룩한 감정이 충만한 사람은 거룩한 사람이 될 확률이 큽니다. 성도(聖徒), 거룩한 감동으로 충만한 하나님의 백성으로 하나님의 역사를 이루어 갑시다.

☛ **내게 주신 은혜 나누기**

광야로 가자

하루 종일
말씀 읽고
묵상하고
말씀 읽고
묵상하고
....

말 붙이는 이도
말해야 할 이도
눈에 들어오는 이도
눈 밖에 나는 이도
아무도 없다.

그저 말씀의 바다에 빠져
늘 듣고 읽던 말씀이
새롭게 새롭게
내게 다가와 말을 던진다.
아하 아하 ......

이렇게 좋은 시간,
게다가 주위가 고요하다.
비수기에 이런 곳엘 오면
적막하기 까지 하다.
무서울 정도로 고요함.

여기가 바로 광야이다.
오직 주님만 대면할 수 있는
여기가 시내산이다.
주님 말씀하시고
나는 한 없이 듣고 또 듣고 ...

그토록 무섭던 외로움을 이기고
집을 나서면
이렇게 외로우면서도 기막힌
광야가 펼쳐진다.
그리곤 주님께 익숙해진다.

가자, 성도들아.
광야로 가자.
침묵과 대화의 광야로 가자.
말씀과 주님만 계시는
기도의 골방, 광야로 가자.

3월-10과

내 모든 죄악을 지워주소서.

*** 찬 송 : 254장, 252장**

다윗이 일생에 큰 죄를 지었습니다. 충직한 장수 우리아의 아내 밧세바와 간음할 뿐만 아니라, 그의 남편 우리아를 고의적으로 위험한 전장에 보내 죽게 하고, 백성들의 시선을 속이고, 밧세바를 처로 거둬들임으로 도리어 신하의 식솔을 책임져 주는 멋있는 왕으로 비쳐질 때, 하나님은 그걸 묵과하지 않으셨습니다. 사람들은 모르나 하나님은 아십니다. 그리고 주시하십니다. 그래서 나단 선지자를 보내어 그 죄를 지적하여 책망하셨습니다. 이에 다윗의 반응이 오늘 주제입니다.

1. 시편 51:1-9을 읽어봅시다.

2. 오늘 본문에서 죄에 대해 한번 알아봅시다.

1) 다윗은 자기의 죄과를 안다고 고백합니다.(3)

이 말은 자기의 죄도 모르는 이가 태반이란 뜻입니다. 모른다고, 생각 안 난다고 괜찮은 게 아닙니다. 기도할 때마다 생각나게 해 달라고 기도하십시오. 어떤 이는 도리어 생각나지 않게 해 달라고 합니다. 생각나면 마음이 부담스러워 못 견디

겠거든요. 그러나 죄는 생각나야 합니다. 왜 그런지 아십니까?

2) 이 죄가 결국 결정적일 때 어디에 서는 지 아십니까? 그것은 내 앞에 섭니다.(3) 평상시에는 전혀 문제가 되지 않는데, 주님 앞에 설 때가 되면, 은혜 좀 받으려고 하면, 축복 좀 받으려고 하면 그게 갑자기 어디서 나타났는지 내 앞에 떠억 하니 나타납니다. 그래서 주님 앞에 고개도 못 들게 합니다.

기도만 하려면, 모처럼 주를 위해 뭔가 하려면 전혀 생각지도 못했던, 기억도 못했던 죄들이 생각나며 주춤하게 하는 경험. 세상에서 살 때는 전혀 의식하지 못했는데 주님 앞에 서기만 하려면 떠오르는 그 부끄러운 죄악들! 내 기도줄을 막고, 축복줄을 막는 죄! 분명히 기억하십시오! 죄는 결정적일 때 반드시 내 앞에 나섭니다.

3) 그래서 결국 이 죄는 나를 절망으로 밀어 넣습니다. 다윗은 이것을 이렇게 고백합니다. **"내가 죄악 중에서 출생하였음이여 어머니가 죄 중에서 나를 잉태하였나이다."**(5) 죄악 덩어리 그 자체라고 한탄합니다. 이 정도면 그가 무슨 복을 받겠습니까?

3. 이 때 우리에게 보여준 다윗의 모습을 보십시오.

"하나님이여 주의 인자를 따라 내게 은혜를 베푸시며 주의 많은 긍휼을 따라 내 죄악을 지워 주소서. 나의 죄악을 말갛게 씻으시며 나의 죄를 깨끗이 제하소서."(1-2)

그는 절망 속에서도 그 죄악을 들고 하나님께 나아갑니다. 해결책은 자신에게 있는 것이 아니라 우리 하나님께 있음을 믿었던 것입니다. 이것이 그가 하나님의 긍휼을 얻는 비결입니다.

어디서 헤매십니까? 하나님께 들고 나가십시오. 그러면 우리 하나님, 얼마든지 우리의 모든 죄악을 깨끗이 사하십니다.

17절을 보십시오. **"하나님께서 구하시는 제사는 상한 심령이라 하나님이여 상하고 통회하는 마음을 주께서 멸시하지 아니하시리이다."** 이 말씀을 믿으십니까?

4. '빌 하이벨스' 목사님은 성경에 나타난 하나님의 용서에 대한 선언을 이렇게 구분하였습니다.

기억 상실형 사죄 약속 : **"내가 그들의 악행을 사하고 다시는 그 죄를 기억하지 아니하리라 여호와의 말씀이니라."**(렘 31:34)

얼룩 제거형 사죄 약속 : **"너희의 죄가 주홍 같을지라도 눈과 같이 희어질 것이요 진홍 같이 붉을지라도 양털 같이 희게 되리라."** (사 1:18)

동서 분리형 사죄 약속 : **"동이 서에서 먼 것 같이 우리의 죄과를 우리에게서 멀리 옮기셨으며"** (시 103:12)

심연형 사죄 약속 : **"우리의 죄악을 발로 밟으시고 우리의 모든 죄를 깊은 바다에 던지시리이다."** (미 7:19) 할렐루야!

5. **우리는 종종 '하나님은 외모를 보시지 않고 중심을 보신다'고 위안을 삼습니다.** 그런데 스스로 물어보십시오. 자신의 중심은 정말 하나님 보시기에 문제가 없습니까? 죄악이 웅크리고 있지 않습니까?

예수님께서 바로 이것을 해결하려고 오셨습니다. 그 분께 요청하십시오. 그 분을 의지하십시오.

사순절, 그 분을 따라가십시다. 사죄 받은 기쁨이 없기에 그리스도인은 침체되어 갑니다. 용서받은 확신이 없기에 늘 우울해집니다. 처음에 주님을 영접하였을 때를 기억하십시오. 얼마나 큰 기쁨이 있었습니까? 오래 신앙 생활한 이들이 이런 용서받음의 기쁨을 누리지 못하기에 연약해 집니다. 하나님은 우리의 죄악을 도말하기 원하십니다. 늘 주님 앞에 사죄 받는 기쁨 속에 살아가기를 소망합니다.

☛ **내게 주신 은혜 나누기**

✎ **나는 사순절 기간 중에 죄의 문제를 해결하기 위해 이렇게 하겠습니다.**

- 매일의 기도 시간 정하기
- 기도원에 한번 올라간다.
- 마음에 걸리는 것을 해결하기 위해 행동으로 풀겠습니다.

3월-11과

내 입을 가릴 뿐입니다.

*** 찬 송 : 425장, 549장**

어느 목사님이 교회에 새로 부임해 갔는데, 교인들이 대머리라고 수군거렸습니다. 그러자 목사님이 이렇게 말했다고 합니다. "제가 대머리인 것은, 하나님께서 저를 귀엽다고 자꾸 쓰다듬어 주셔서 이렇게 되었습니다."

저도 그렇습니다. 주님께서 자꾸 쓰다듬어 주셔서 대머리가 되었는지는 모르지만 암튼 저도 대머리입니다. 혹자는 대머리는 축복의 증거랍니다. 거지 중에는 대머리가 없답니다.(사실인지는 모릅니다.)

암튼 사람들은 한 가지를 놓고 이래서 그렇다 저래서 그렇다 하고 제각기 이유를 댑니다. 어떨 때는 그런 자기주장을 내세우기 위해 상대방을 짓밟기까지도 합니다. 하나님에 대해서도 그러합니다. 욥기가 바로 그런 주제입니다.

1. 욥기의 저자는 정확하게 누구인지 모르지만 문체는 특이합니다.

서론과 결론, 즉 1, 2장과 42:7-17절은 산문체(散文體)이고, 본론인 3장에서 42:6절은 시가체(詩歌體)입니다. 그리고 욥의 시대는 주전 2천년으로 거슬러 올라가 아마도 아브라함과 같은 족장 시대일 것으로 추정됩니다.

2. **내용은 동방에 욥이란 의인이 있었습니다.** 하나님을 잘 섬기고 경건한 사람이었으며, 부자였습니다. 그런데 하루아침에 그는 모든 것을 잃어버리는 재앙을 당하게 되었습니다. 아무런 잘못도 하지 않았는데, 아무런 설명도 사전에 들은 바가 없었는데 졸지에 모든 것을 잃어버리게 되었습니다. 재산도, 자식들도, 건강도, ... 그가 갖고 있던 모든 것을 잃어버리고 말았습니다.

어디 가서 하소연할 데도 없는 그런 불쌍한 처지에 빠지자 소문을 듣고 그의 3 친구가 찾아와서 까닭을 알 수 없어 괴로워하는 욥을 향하여 하나님은 이런 분이다 저런 분이다 하고 설명하는 것이 욥기의 내용입니다. 그래서 욥기는 조직신학 중에서 신론이라고 할 수 있는 성경입니다.

3. **친구들이 욥을 위로한답시고 내 놓는 이야기들은 욥을 도리어 고통스럽게 하는 말들이었습니다.** 그렇지 않아도 힘들어하는 욥의 마음에 염장(鹽藏)질을 하였습니다. 이에 고통 중에 토론하다가 마침내 하나님께서 욥에게 나타나셔서 말씀해 주신 것에 대해 욥이 고백한 것이 오늘 본문 욥기 42:1-6입니다. 묵상해 봅시다.

하나님을 뵙고, 설명을 듣고, 마침내 욥이 깨달은 것이 있습니다.

첫째, **"주께서는 못 하실 일이 없사오며 무슨 계획이든지 못 이루실 것이 없는 줄 아오니"**(2)

욥이 이 사실을 전에는 몰랐던 것이 아닙니다. 전에도 알고 있었으나 지금 고통 속에서 드디어 주님을 만나고 설명을 듣고 난 후에 갖게 된 하나님에 대한 지식 사이에는 엄청난 차이가 있습니다. 체험을 통한 지식이 귀합니다. 자신에게도 이런 지식이 있습니까?

둘째, **"무지한 말로 이치를 가리는 자가 누구니이까 나는 깨닫지도 못한 일을 말하였고 스스로 알 수도 없고 헤아리기도 어려운 일을 말하였나이다."**(3)

그는 자신의 무지함을 고백합니다. 불평, 불만이 생길 때 하나님에 대해 이러쿵저러쿵 말이 많습니다. 그러나 대부분은 욥의 경우처럼 제대로 알지도 못하고 하는 말들입니다. 주의합시다.

셋째, 그러기에 그는 겸손할 수밖에 없습니다. **"내가 말하겠사오니 주는 들으시고 내가 주께 묻겠사오니 주여 내게 알게 하옵소서"**(4)

주께서 말씀해 주시기 전에는 아무런 말도 하지 않겠다는 겸손입니다. 고통 속에서는 할 말 못할 말 다 해 버렸는데, 이제는 아닙니다, 하나님께서 말씀해 주신 것만 알겠나이다, 그것으로만 만족하겠나이다 하는 겸손입니다.

4. 이런 욥, 그가 갖는 궁극적인 자세는 무엇입니까?

"그러므로 내가 스스로 거두어들이고 티끌과 재 가운데에서 회개하나이다."(6) 이렇게 회개하는 욥, 그가 보여준 궁극적 자세는 40:4에서 이렇게 보여줍니다. **"보소서 나는 비천하오니 무엇이라 주께 대답하리이까 손으로 내 입을 가릴 뿐이로소이다."**

이유를 알 수 없거든 손으로 입을 가리고 주님께 나아가 기도하십시오. 하고픈 말은 많지만, 따지고 싶은 것은 많지만, 불만스러운 것은 많지만, 그러나 입을 가리고 주님께 나아가 엎드리십시오! 그 겸손한 자세에, 그 순종하는 자세에 주께선 누가 뭐라 할지라도 그 사람을 다시 일으켜 세워 놀라운 축복을 주실 것이며, 그 때에야 모든 것은 다 풀릴 것입니다.

하나님은 우리의 아버지이십니다. 이 아버지를 믿고, 쓸데없는 말로 아버지의 마음을 상하게 하지 말고, 그 아버지를 신뢰하며 욥과 같이 승리하는, 고난 속에 축복 받는 하나님의 자녀들이 됩시다.

☛ 내게 주신 은혜 나누기

마음이 괴로울 때, 기도 응답이 쉽게 오지 않을 때
나는 입으로 주님을 괴롭게 한 적은 없습니까?
정직하게 구역원 앞에서 고백하며 함께 은혜를 나눕시다.

3월-12과

주님의 터치를 기다리며

*** 찬 송 : 279장, 263장**

노 터치(NO TOUCH)! 만지지 말라! 오늘날 많은 이들은 자기 안에 노 터치 구역을 만들고 살아갑니다. 아무도 접근하지 못하게, 아무도 눈치 채지 못하게, 아무도 건드리지 못하게 철저하게 자존심과 체면으로 위장하며 살아갑니다. 그래서 누군가가 거기에 가까이 접근하면 상당히 신경질적이고 예민하게 반응을 보이며 차단시킵니다.

심지어 부부임에도 이것만큼은, 이 문제만큼은 건드리지 말기를 선포하며 살아갑니다. 그러나 그것이 사실 노다지 같은 가치가 있는 것이라면 그런대로 괜찮지만 많은 경우 그런 부분들은 노다지가 아니라 도라지입니다. 아픈 상처이고, 가련한 자존심이며, 은밀한 죄의식이요, 처절한 열등감입니다. 자기만이 간직하고 평생을 살아가야 하는 아픈 것들입니다.

이것을 터치하기 원하시는 분이 계십니다. 우리의 가장 깊숙한 것, 은밀한 것, 공개되기 정말 싫은 것, 그러나 그것 때문에 늘 어둡고 우울하고, 자신 없는 생활을 하게 하는 그것들을 가만히 터치하시는 분이 계십니다. 예수 그리스도, 우리의 주님이십니다.

1. 요한복음 13:1-11을 묵상합시다.

2. 주님의 손길을 기다리며

1) 주님은 우리를 어느 정도로 사랑하신다고 하십니까?(1)

2) 그런데 그 자리에 어떤 역사가 있습니까?(2)

3) 이게 가능한 일입니까? 사탄이 예수님 앞에서 제 마음대로 이 일을 할 수 있습니까? 어떻게 가능할까요?(눅 22:3-5)

- 우리의 자세가 매우 중요합니다. 하나님의 거룩한 존전이라고, 모두가 은혜를 받는다고 일률적으로 다 받는 게 아닙니다. 그 사람의 마음 자세에 따라 하나님의 사랑이 가득하거나, 사탄의 배역의 역사가 가득하거나 합니다. 자신의 마음 자세에 따라, 신령과 진실된 마음으로 드리는 자에게, 사모하는 영으로 예배하는 자에게 주님의 거룩한 사랑과 은총은 가득하게 되며, 유다와 같이 계산하고 있는 자에겐 사탄의 이기적이요 독선적인 역사가 가득합니다.

그러기에 같은 자리에서, 같은 시간에, 같이 예배드리고도 어떤 이는 기쁜 얼굴로 돌아가고, 어떤 이는 오만가지 인상을 쓰며 돌아갑니다. 주님께 향하는 올바른 자세를 갖고 예배드립시다. 그것이 하늘의 역사를 내 안에 채우는 비결입니다.

4) 식사 후, 누가 누구의 발을 씻겨줍니까? 이 행위는 주인이 할 일 입니까, 종이 할 일입니까?

5) 제자들의 놀람이 어느 정도입니까?(6,8)

6) 예수님의 행위를 제자들은 이해할 수 있었습니까? 언제 알 수 있다고 합니까?(7) 이젠 아십니까?

7) 씻김을 거절하면 주님과 상관이 없다고 하자, 베드로는 무얼 요청합니까?(9)

8) 그러자 주님께서는 씻는다는 뜻의 '목욕', 그리고 '씻음' 2 단어를 사용하십니다. 각각 무슨 의미일까요?(10)

9) 우리들의 신앙 세계에서 목욕은 무슨 의미, 씻음은 어떤 의미일까요?

- 매일 주님 앞에 나아가 씻음 받으십시오.

10) 그런데 말이죠, 말씀에 의하면 예수님은 우리를 씻어주시는데, 어디를 씻어주십니까?(5)

3. 주님은 당신에게 있어서 가장 더러운 곳을 터치하기 원하십니다.
공개되기를 원치 않고, 알려지기를 원치 않던 은밀한 것을 터치하시기 원하십니다. 자존심으로 꽁꽁 싸매어 놓은 그 얼룩진 진실과 퇴색한 사랑을 터치하기 원하십니다. 아무도 건드리지 않기를 바랐던 그 죄의식을 터치하기 원하십니다. 사람들은 깨끗한 곳만을 터치하기 원하지만 주님은 가장 더럽고 문제 많은 곳을 터치하기 원하십니다.

여러분의 그 은밀한 죄를, 결코 드러나지 않기를 바라는 그 죄에, 그 자존심에, 그 위선에, 그 아픔에 주님의 손길이 다가오는 절기입니다. 이번 한 주간 매일 경건의 시간을 통하여 다가오시는 주님의 터치를 기다리십시오. 그리곤 그 주님의 손길에 여러분의 그것, 은밀한 모든 죄들을 고백하십시오. 끝까지 사랑하시는 주님의 터치가 여러분을 깨끗이 씻기시며, 모든 죄 의식과 열등감에서 자유하게 하실 줄 믿습니다.

☛ **내게 주신 은혜 나누기**

"예수님, 내 상처를 치유해 주옵소서. 깊이 감추어진 내 상처, 아픔을 치유해 주옵소서." 오늘은 그리 기도하며 마칩시다.

4월-13과

제자의 변절

*** 찬 송 : 449장, 455장**

1. 마가복음 14:10-21을 묵상합시다.

1) 최후의 만찬, 예수님께서 당신의 몸을 찢어 주시고, 피를 흘려주심을 상징하는 그 축복의 만찬 자리에 가룟 유다가 있습니까, 없습니까?

2) 그런데 그는 그 자리에 오기 전에 뭘 하고 왔습니까? (10-11)

3) 그러니까 그는 그 거룩한 만찬의 자리에서도 속으론 뭘 생각하고 있었을까요? (11)

4) 사탄의 역사를 우습게 보는 이들이 있습니다. 그러나 사탄의 역사는 그 거룩한 최초의 성찬상에도 참여하고 있습니다. 이렇게 사탄이 그 거룩한 성찬에 참여할 수 있는 비결이 뭐라고요?(지난 주에 묵상했죠?)

2. 가룟 유다는 왜 이리 쉽게 예수님을 배신했을까요?

1) 돈 때문에 : 왜 돈 때문에 그랬을 것이라고 생각됩니까?(요 12:6)

2) 예수님에 대한 실망감에 복수심으로 : 왜 예수님에 대해 실망했을까요?

3) 나약해진 듯한 예수님에게 강한 자극을 주기 위해 : 가룟 유다가 독립투사였다는 설도 있습니다. 그렇다면 왜 배반했다?

3. 정확한 이유는 모릅니다. 당사자만 알겠지요. 그러나 분명한 것은 가룟 유다는 예수님을 배반했다는 사실입니다. 여러 동기는 모르지만, 그 중에서도 뚜렷하게 드러나는 이유는 그의 마음이 정상적이지 않았다는 겁니다. 그는 왠지 모르게 격노하고 있었고, 흥분되어 있었고, 뭔가 불만해 차 있었으며, 결국 마음으로 사탄을 청하는 결과를 가져왔습니다. 그러기에 사탄이 그 마음으로 들어갔다고 성경은 말합니다. (요 13:27)

마음을 빼앗기지 마십시오. 내 마음 안에 있는 주님이 주신 평안을 잃어버리고, 분노와 불만, 억울함과 집요함, 충동이 내 마음 안에 가득 차면, 사탄이 이것을 갖고 나를 조절할 가능성이 커집니다.

결코, 사탄은 내 마음 안에 임의로 들어오지 못합니다. 내가 청하기 전에는 말입니다. 요일 5:18을 찾아 묵상해 봅시다.

그런데 왜 사탄이 내 안에 들어옵니까?

그러므로 격동하는 마음, 흥분되고 마음이 안정이 안 될 때, 주의하십시오. 사탄이 격동하는 나를 조정하려고 미끼를 주었고, 나를 흔드는 것입니다. 화가 나면 중심을 잃고 결국 사고를 치게 됩니다. 이 때 정말 조심하십시오.

4. **보십시오. 가롯 유다는 종래 이 사실을 몰랐습니까?** 마 27:3-4을 묵상해 봅시다.

그 때 유다는 무엇을 깨답습니까? 제 정신이 돌아온 것입니다. 그러나 이미 때는 늦었지요. 사탄이 하는 일이 다 이렇습니다. 격동될 때는, 흔들릴 때는 자기가 옳은 것 같습니다. 자기가 하는 짓이 좀 부당하고, 무리한 생각도 들지만, 그러나 다 이유가 있어 보입니다. 그래서 감행합니다. 그리곤 후에 제 정신이 들면, 평정심이 돌아오면 '내가 무슨 짓을 한거야?' 하며 후회합니다.

심한 양심의 가책에 가롯 유다는 어찌 합니까?(마27:5)

5. **여러분, 사단의 역사는 이런 것입니다.** 마음을 빼앗아 자기의 계획한 일을 다 시키고는 그 주었던 것마저 다 빼앗아 버립니다. 예수님을 팔게 하고, 그 팔았던 돈을 모두 앗아가더니, 생명까지도 가져갑니다.

예수의 제자로 출발이 좋았던 유다, 주님의 신임을 받아 돈궤를 맡았던 중반까지도 유다의 인생은 밝았습니다. 그러나 그 마지막은 한 순간의 마음을 사단에게 내어 주면서 비참한 비극으로 막을 내리고 말았습니다.

여러분, 신앙생활하며, "에이!"하고 신경질이 나며, 괜한 짜증이 날 때 조심하십시오. 자기의 성실한 믿음의 생활과 봉사의 생활, 인내하는 생활이 짜증나고, 하찮게 보일 때 조심하십시오. 사단이 우리 마음을 두드리는 것이며, 속이기 좋아하는 사단의 충동에 동조할 때, 결국은 모든 것을 빼앗기고 말 것입니다. 결코 사단은 우리에게 선한 것, 좋은 것, 행복한 것을 주지 않습니다. 줄 것같이 말하고, 여기게 하지만 아닙니다, 그것은 속임입니다. 성도에게 찾아오는 행복은 오직 하나님께로부터 오는 것뿐입니다.

그러므로 성도 여러분, 끝까지 잘 합시다. 오늘 뿐만 아니라 주님 오시는 날까지 마음을 풀지 말고 믿음으로 단단하게 여미어 사단으로 틈타지 못하게 합시다.

유다는 누구나, '유(you), 다(all)'가 될 가능성이 있습니다. 그토록 3년 동안 주님과 함께 동고동락하던 제자, 주님의 사랑을 듬뿍 받고, 능력도 받아 전도도 하던 제자 유다가 마지막에 변절하여 비참한 생을 마감한 것을 기억하며, 깊어가는 사순절, 세상에서 주님을 배신하는 일이 없도록 더욱 성도의 삶을 바르게 살아갑시다.

☛ **내게 주신 은혜 나누기**

4월-14과

십자가, 오해 마세요.

＊ 찬 송 : 151장, 144장

어떤 사람이 지옥엘 갔더랍니다. 많은 사람들이 있었는데, 그들은 한결같이 "껄 껄 껄" 하고 있었습니다. 무슨 소린가 했더니 모두들 "정직하게 살껄, 도둑질하지 말껄, 거짓말하지 말껄, 예수 믿을껄, 기도 열심히 할껄, 봉사 많이 할껄, 불평하지 말껄, 순종할껄, ... 껄 껄 껄"

뭔가 지난 일들에 대해 상당히 아쉬울 때 우리는 '껄 껄 껄' 합니다. 그러나 사실 이 '껄 껄 껄'은 자신이 패배했음을 자인하는 모습입니다. 그렇게 하지 말았어야 하는데 할 수 없이 그렇게 해서 이 모양이 되었다는 것입니다.

이런 자조적인 모습이 십자가를 대하는 많은 그리스도인들에게도 있습니다. 십자가로 이어지는 주님의 수난이 어쩔 수 없이 주님께서 일방적으로 당하셨다는 생각들을 갖게 합니다. 그래서 로마 천주교회 같은 이들은 몇 년 전까지만 해도 유대인들을 적대시 하였습니다. 우리의 주님을 죽인 이들이라고 원수 대하듯 해 왔습니다.

이게 사실일까요? 예수님은 유대인들이 죽이려 했기에 할 수 없이 죽임을 당한 것일까요?

1. **'주님의 십자가!'하면 떠오르는 아쉬운 사람들이 있습니다.** 이들만 좀 잘 해 주었으면 주님은 십자가 지지 않았을 텐데 하는 그런 아쉬운 이들이 있습니다. 한번 생각해 봅시다.

1) 가룟 유다 : 그가 뭘 하지 않았다면 주님께서 십자가 지지 않아도 되셨을까요?

2) 제사장과 서기관, 바리새인, 사두개인들 : 이른바 유대 지도자들입니다. 하나님의 말씀을 철저하게 연구하고 지킨다는 이 사람들이 왜 사악한 시기의 감정으로 의인을 죽이려 했을까요? 자기들이 그토록 열심히 연구한 구약의 예언서를 보면 당시 지도자들이 이런 의로운 선지자들을 박해했음을 잘 알 텐데 ... 더욱이 그 조상들은 선지자들을 핍박은 했지만 하나님이 두려워 감히 죽이지는 못했다는 사실을 잘 알면서 어째서 자기들은 그보다 더 악하게 행하려 했을까요?

3) 니고데모와 아리마대 요셉 : 그들에겐 무슨 아쉬움이 남습니까?

4) 빌라도 : 그는 결정적인 권세자였습니다.(요 19:10) 그가 좀 더 적극적인 의지를 갖고 예수님을 살리려 했으면 살리셨을 텐데 ... 빌라도는 두고 두고 예수님의 억울한 십자가에 미련이 남습니다. 그러기에 법관은 무슨 일이 있어도 정의로워야 하고, 부당한 세력, 권세에 밀려서는 안 됩니다.

5) 헤롯 : 헤롯에게 예수님을 십자가에 죽이지 않아도 될 기회가 있었던 가요?(눅 23:8)

6) 유대 백성들 : 그들에겐 어떤 아쉬움이 있습니까? 그렇지요, 사악한 지도자들, 제사장과 바리새인들의 선동에 넘어가지만 않았어도, 그래서 빌라도가 '예수, 강도 바라바, 누구를 놓아주기 원하느냐?'물을 때 예수님을 택하기만 했어도 되는 데 ....

=> 예수님의 십자가를 생각하면 참 많은 사람들의 아쉬움이 있습니다. 저들만 좀 잘 해 주었어도 괜찮았을 텐데 ...
그렇게 생각하시지요? 오해입니다.

2. 요 10:11-18을 묵상합시다.

1) 선한 목자이신 예수님은 양을 위하여 어떻게 하신다고 합니까?(15)

2) 한 걸음 더 나아가 예수님에겐 무슨 권세가 있다고 합니까?(18)

- 십자가는 무능력의 상징이 아닙니다. 그것은 십자가에 대한 오해입니다. 주님은 할 수 없이, 힘이 없어서 십자가에 돌아가신 것이 아닙니다. 능력이 없어서 사람들의 조롱을 받으며 숨을 거두신 것이 아닙니다. 십자가는 선한 목자께서 스스로 목숨을 버리신 사랑의 현장입니다.

3. 예수님은 왜 이렇게까지 하셨을까요?

1) 다음 성경을 찾아봅시다.
겔33:11, 겔18:32, 겔18:31b / 렘 3:12

2) 감이 잡힙니까? 그러기에 사도 바울은 이렇게 증언했습니다. 빌 2:6-8!

4. 누가 우리 주님을 죽였습니까? 유다? 대제사장? 빌라도? 헤롯? 백성들? 아무도 아닙니다! 그들은 하나님의 아들을 죽일 권세가 없습니다. 그럴 능력이 없습니다. 주님은 스스로 자신을 희생하셨습니다. 선한 목자로서 자원하여 그 양들을 위하여 희생 제물이 되셨습니다.

왜? 나와 여러분의 죄를 깨끗케 하기 위하여! 진실한 삶을 살라고! 건강한 삶을 살라고! 하나님의 사랑의 파트너로 행복하게 살라고! 하나님의 자녀로 영원한 삶을 누리라고! 모든 얽매인 것에서 해방되어 참 자유함을 누리라고! 진정 깨끗한 생활하라고!

이 주님의 사랑이 정말 여러분 영혼 안에 충만하여 십자가 밑에서 은혜의 눈물을 흘리며 변화되는 한 주간이 되기를 진실로 소망합니다.

☛ **내게 주신 은혜 나누기**

4월-15과

부활, 그 두려움의 새 역사

*** 찬 송 : 160장, 161장**

세 여인, 막달라 마리아, 야고보의 어머니 마리아, 그리고 살로메, 이 여인들은 3일전, 예수님을 직접 장례 치른 이들입니다. 이들이 새벽에 무덤으로 갑니다.

예수님께서 숨을 거두신 것이 오후 3시였고, 아리마대 요셉이 빌라도 총독에게 가서 예수님을 장례 치르겠으니 시신을 달라고 한 것이 3시 이후였기에, 아마도 그들이 예수님의 시신을 십자가에서 내린 것은 오후 4시 경이었을 것입니다. 유대인들의 장례법은 해가 있을 때 마치게 되어 있기에, 그들은 해지기 전 오후 5시까지 모든 장례를 다 마쳐야 했습니다. 온 몸이 상처투성이요, 그것도 십자가에 양손과 발목에 못이 박힌 상태로 메말라 버린 예수님의 시신을 깨끗하게 염하고 장례를 급하게 치른다는 것은 시간상 아마도 불가능했을 것입니다.

그래서 그들은 급하게 장례를 치르고, 안식일이 지나기를 기다려, 안식일 다음날 이른 아침 예수님의 무덤으로 향하여 갔습니다. 못다 바른 향료라도 더 발라 드려야겠다는 생각이었습니다.

1. 마가복음 16:1-8을 묵상합시다.

1) 이 여인들의 걱정은 무엇이었습니까? 공동묘지? 시체? 귀신?

2) 그들의 걱정은 무덤 문을 막고 있는 거대한 돌을 누가 치워줄 것인가 였습니다. 그런데 이들이 현장에 도착하자, 어떤 일이 벌어져 있습니까?

2. 이 여인들은 급하게 돌아갔습니다. 어떤 모습으로 돌아갔습니까? 다음 중에서 골라보십시오.

1) 할렐루야 찬양하며 2) 정말 일까 의심하며

3) 무서워서 말도 못하며 4) '역시 우리 예수님!' 예수님 자랑하며

3. 여인들의 반응은 왜 이러했을까요?

- 인간은 자신이 갖고 있는 지식과 상식에서 벗어날 때 공포를 느낍니다. 이럴 것이다 하여 이렇게 하였는데, 전혀 엉뚱하게 전개되어 갑니다. 자신이 배운 바대로 하였는데, 그것이 먹히지 않고 엉뚱한 결과가 자꾸 나타날 때, 자기가 갖고 있는 지식과 상식을 동원하여 확신을 갖는데, 그것이 아무 것도 아닌 것으로 나타날 때 우리는 두려움을 갖습니다.

아니 사람이 십자가에서 죽었으면 무덤에 있어야지 어쩌자고 무덤에 시체가 없단 말입니까? 아무리 사랑하던 사람이라도 일단 죽었으면 점잖게 시체로 있어야지 그것이 일어나 어디론가 스스로 가 버렸다면 그게 공포 영화지 어찌 현실이겠습니까?

4. **그러기에 어떤 교수가 이것을 합리적으로 설명하기 위해 예수님은 십자가 위에서 돌아가신 것이 아니라 기절한 것이고, 후에 서늘한 무덤에서 정신 차리고 나온 것이라고 말했습니다.** 어느 청년이 기독교 잡지 편집장에게 자기 교수님이 한 말을 전하며 어떻게 생각하는지 답을 달라고 했습니다.

마침내 편집장으로부터 답장이 왔는데 내용이 이러했습니다. "형제에게! 끝에 쇠뭉치가 달린 아홉 가닥으로 된 채찍으로 그 교수님을 서른 아홉 번 매질하십시오. 그리고 그를 십자가에 못 박으십시오. 또한 그를 뙤약볕 속에 여섯 시간 동안 매달아 놓으십시오. 아울러 창으로 가슴을 찔러 관통을 시키십시오. 그리고 그를 공기가 안 통하는 무덤에 묻고 72시간 동안 놔두십시오. 그러고 나서 무슨 일이 일어나는지를 지켜보십시오. 편집장으로부터"

5. **예수님은 실제로 죽으셨습니다.** 그러면 어떻게 살아나셨단 말입니까? 기존의 우리 인간의 과학, 논리, 상식으로 어렵습니다. 그래서 믿을 수 없고, 도리어 그 부활 소식 앞에 두려움을 느낄 수밖에 없습니다. 우리의 상식, 과학이 통하지 않는 일이 벌어졌으니까요.

그러니까 이 부활의 역사는 새로운 역사입니다. 하나님께서 우리 인간의 삶에 개입해 들어오신 하늘의 역사, 권능의 역사입니다. 새 역사입니다!

예수님의 부활은 새롭게 시작한 역사입니다. 그러기에 그것을 처음으로 대한 초대 교회 성도들은 두려움에 빠져들었습니다.

그러나 그들은 곧 그것이 두려움 속의 새로운 역사임을 알게 되어, 그 뒤로부터 어떠한 고난이 찾아와도 믿음을 지킬 수 있었습니다. 이 부활의 소망이 모든 성도들의 고통을 극복케하고, 한 걸음 더 나아가 이 땅에 강건한 하나님의 나라를 세울 수 있게 하여 왔습니다. 이 땅에만 모든 가치를 두는 이들은 어림도 없는 일이지만, 적어도 부활의 생을 확신하는 이에겐 놀라운 생의 에너지였습니다. 그러기에 기꺼이 희생도 하고, 봉사도 하고, 심지어 순교까지 찬송하며 하였습니다.

부활은 새로운 하나님의 특별한 역사임을 믿고 거기에 동참하십시오. 그러면 세상을 이길 수 있고, 마침내 그 부활의 역사, 생명의 축복에 참여할 수 있을 겁니다. 부활의 능력, 생명의 축복, 새로움의 역사 반열에 서는 성도가 되기를 소망합니다.

☛ **내게 주신 은혜 나누기**

4월-16과

와서 밥 먹어라.

*** 찬 송 : 85장, 92장**

미국에서 만든 어느 동영상의 장면입니다. 아이들이 놀다가 한 아이가 잘못해서 놀이가 깨져 버렸습니다. 그러자 아이들이 그 아이를 버려두고 자기들끼리 따로 가서 놉니다. 이 아이는 혼자 외롭게 서 있었으나 아무도 같이 놀자고 하는 아이들이 없습니다.

아마도 아이들은 그랬을 것입니다. “그건 다 네 책임이야. 네가 잘못 했기에 우린 너와 안노는 것이야, 네 잘못이니 네가 책임져. 너는 그렇게 당해도 싸.” 시간이 갈수록 아이는 제가 스스로 잘못한 것을 알기에 아이들에게 다가가지 못하고 혼자 우두커니 아이들만 바라보고 있습니다. 참 불쌍한 모습입니다.

그런데 한 여자아이가 이 아이에게 다가가 아무 말 없이 손을 잡고는 아이들에게 다시 끌고 가는 것이었습니다. 그러면서 모든 아이들의 얼굴이 환해지면서 이런 자막이 나왔습니다.

“Love makes all-things new again." 사랑은 모든 것을 새롭게 합니다!

1. 요한복음 21:1-14을 묵상합시다.

1) 제자들은 왜 갈릴리(디베랴)에 와 있습니까? (마 28:7)

2) 그런데 제자들의 표정이 밝지 않습니다. 매우 어둡습니다. 왜 그럴까요?(마 26:35 -> 26:56 / 막 16:11,13)

- 이제 예수님이 정말 부활하셔서 살아 계시니, 게다가 갈릴리에서 만나자고 하셨으니 그들의 당혹감이야 이루 말할 수 없었을 겁니다. 이렇게 자기 죄와 허물들이 뚜렷하기에 그들의 예수님 부활 사건 뒤의 모습들을 보면 모두 이런 분위기였습니다. 기쁨, 환희 보다 죄책감, 두려움, 송구스러움이었습니다.

3) 이런 어색하고도 힘든 상황에서 그들이 택한 것은 무엇입니까?(3)

- 차라리 기도하며 주님을 기다림이 더 좋았을 텐데 …

4) 밤새 허탕 칩니다. 그리고 다음 날 새벽녘, 어떤 사람이 호수가에 서 있습니다. 그리고 소리칩니다. 제자들은 왜 이 사람을 몰라봤을까요? 서로 거리가 한 오십 칸쯤 된다고 우리 성경은 말하는데, 원문 성경에는 정확하게 200 페에퀴스, 즉 200 규빗으로 약 90 m 쯤 됩니다. 얼굴을 알아보긴 힘든 거리이고, 음성은 들을 수 있는 거리입니다. 그런데 이들의 마음이 갑자기 뛥니다. 왜? 그 분이 그물을 배 오른편에 던져라 했고, 그랬더니 고기가 많이 잡혔기 때문입니다. 뭐가 생각나십니까?(눅5:4-6)

2. **달려 나온 제자들, 얼마나 머쓱했을까요?** 주님 뵙기 얼마나 부끄러웠을까요? 그런 제자들을 향해 예수님께서 뭐라 하십니까? (12)

3. **그곳에 이미 숯불, 생선, 떡이 있었는데, 이는 누가 준비한 것입니까?**

- 이 세상에서 예수님께서 준비한 아침밥을 먹어본 이들은 누구뿐입니까? 이들은 그만큼 잘난 이들입니까?

- 세상에, 예수님이 차려 준 밥 먹어 본 이들은 이 한심한 제자들뿐입니다. 사랑하는 여러분, 마음에 새깁시다. 막상 죄 짓고, 죄책감에 밑으로 꺼져 갈 때 주님은 나를 위하여 "매"를 준비하시기보다 "아침밥"을 준비하십니다.

- '아침밥'의 의미, 거기에 담긴 상징성을 아십니까? 어두운 밤을 보내고 대하는 첫 번 식사입니다. 새로운 하루를 맞이하는 이에게 첫 번 에너지를 부여하는 식사입니다.

어디 그 뿐입니까? 밤새 고민하고 아파하고, 힘들어하던 이들에게 새 힘을 주는 식사입니다. 그 긴 밤을 충실하게 보낸 이 일수록 꼭 필요한 식사입니다. 눈물과 아픔으로 밤을 보낸 이들, 그리하여 자기를 밤새 부인하고 비우고 대하는 첫 번 식사입니다.

- 사탄은 도리어 우리보고 예수님을 피하라고, 도망가라고, 너는 죄인이기에 소용없다고, 기도도, 회개도, 충성도, 다 필요없다고 합니다. 그러나 그 시간 우리 주님은 우리의 연약함을 회복시키기 위해 아침밥을 준비하십니다.

4. **예수님의 사랑! 믿어도 좋습니다.** 죄인일수록 더욱 믿으십시오! 예수님의 사랑은 시시비비를 가리기 위한 사랑이 아닙니다. 예수님의 사랑은 모든 것을 새롭게 하기 위한 사랑입니다. 옛날에 왜 그랬냐고, 그 형벌을 당해 싸다고 하시는 사랑이 아닙니다. 죄인은 처벌받아 싸다고 매정하게 내버려두는 사랑이 아닙니다.

이제 그 어두움의 방황에서 나오십시오. 아침이 이르렀고, 그 아침 햇살과 함께 주님께서 우리에게 아침밥을 준비하십니다. 육의 양식뿐만 아니라 일용할 영의 양식마저 준비해 주십니다. 주님의 사랑을 믿고 교회로 나오십시오. 주일 아침마다 주님께서 차려 주시는 하늘의 조반을 먹고 힘을 내어 하나님의 나라와 그 의를 구하며 힘있게 살아갑시다.

☛ **내게 주신 은혜 나누기**

✍ **이 은총의 소식을 어둡게 살아가는 친구, 이웃에게 전해 봄이 어떨까요?**

5월-17과

가장 귀한 유산

＊ 찬 송 : 199장, 275장

노후에 자녀들로 인해 고민하는 부모가 있는 가 하면, 효도하는 자녀들로 인해 행복해 하는 부모가 있습니다. 자식 기른 것은 똑 같은데 왜 이런 차이가 나는 걸까요? 물론, 여러 이유가 있겠지만, 그중에 분명한 이유는 그 부모의 교육에 있다고 여겨집니다. 부모가 그렇게 가르친 것이 아닐까요?

자식은 부모의 열매, 곧 삶의 열매입니다. 그 자식을 보면 부모가 어떠한 분인지 알 수 있습니다. 그러기에 그리스도인이라면 자녀 교육에 좀 더 관심을 가져야 할 것입니다.

1. 오늘 묵상할 말씀은 잠언 22:4-6입니다.

2. 잠언은 지혜서로서, 두 주인공이 늘 나옵니다. 지혜자와 미련한 자입니다. 오늘 본문에서도 지혜로운 자와 미련한 자가 대칭됩니다.

1) 지혜로운 자는 어떤 이 입니까?(4,참고 잠 9:10)

ㄱ.

ㄴ.

2) 이렇게 지혜로운 이에게는 어떤 보상이 주어진답니까?(4)

ㄱ.

ㄴ.

ㄷ.

- 부자 되십시오, 그것도 자신의 욕망의 성취로 이루어지는 부자가 아니라 하나님께 영광을 돌리는 부자로. 아울러 장수하십시오. 하나님 앞에서 지혜롭게 살면 이런 축복을 보상으로 받는답니다.

3) 미련한 자는 어떤 이 입니까?(5)

ㄱ. 뭘 보지 못합니까?

- 대충 대충 살다간 이런 것을 보지 못합니다. 시류에 따라 변하는 세상적인 가르침을 따라 살다간 이런 결정적인 위험한 것들을 보지 못합니다. 언제나 우리의 양심을 두드리시는 말씀에 기초해야 합니다. 그래야 그 삶이 안정적이고, 축복받을 수 있습니다.

3. 마땅히 부모가 자녀에게 가르쳐야 할 것

1) 기술만, 재주(know-how)만 가르치려 하지 말고, 가장 기본적인 것, 인간으로 가장 기본적인 것(know-what)을 가르쳐야 합니다. 인간의 기본적인 성품, 예절을 가르치십시오.

2) 바른 신앙생활을 가르치십시오. 이 세상에서 바른 신앙생활을 도대체 누가 가르쳐 줍니까? 부모가 책임져야 합니다. 부모가 그 신앙생활의 모델이 되어야 합니다. 부모가 세상에서 사라져도 아이가 복 받고 살 수 있는, 하나님의 긍휼을 얻을 수 있는 그런 바른 신앙생활을 가르쳐야 합니다.

3) 한번은 길을 가다가 오래 전에 헤어진 후배를 만났습니다. 부인과 4살 난 어린 딸이 함께 있었습니다. 아이를 보고 머리를 쓰다듬어 주며 "너는 꼭 아빠 닮았구나!" 하고 칭찬하였습니다. 그러자 이 아이가 하는 말이 "아네요, 난 아빠를 하나도 닮지 않았어요. 아빠는 욕도 잘 하시구요, 맨날 술만 먹고 들어오시구요, 잠꾸러기 에요. 그리구 교회도 안 나가세요. 근데 나는 잘 가요."합니다.

어떤 생각이 드십니까? 부모는 자녀들에게 있어서 최상의 교사입니다.

4. **자녀에게 무엇을 주려고 하십니까?** 당장의 재물 보다 중요한 것이 있습니다. 하나님 앞에서 축복 받을 수 있는 신앙의 유산, 그것도 바른 신앙유산을 주십시오.

오늘날 많은 부모들이 자기는 생명의 길을 걷기 위해 교회에 가면서 자녀들은 악의 길을 걷든, 패망의 길을 걷든 상관하지 않고 네 마음대로 하라고 합니다. 분명히 자신들은 주일을 지키기 위해 힘을 쓰면서, 그것이 하나님의 복을 받는 길이며, 그리스도인이라면 반드시 기본적으로 지켜야 할 것이라고 말하면서도 자녀들에겐 서슴지 않고 '피곤하면 쉬어라, 바쁘면 학원부터

가라, 친구 생일 파티가 있으면 거기부터 가라' 하고 비그리스도인적인 생활을 가르칩니다. 옳지 못한 모습입니다.

가장 좋은 것을 유산으로 주십시오. 그러나 그 유산은 갑자기 줄 수 있는 것이 아닙니다. 평상시 자신의 신앙생활에서 남겨두어야 하는 것들입니다. 부모들이 평상시 바르게 신앙적으로 살고, 또 그렇게 사는 길을 아이들에게 가르쳐 주어야 합니다. 절대로 양보하지 못할, 지켜야 할 기본적인 신앙생활을 가르쳐 주십시오. 그러면 평생에 하나님의 법도에서 벗어나지 않고 복되게 살 것입니다.

☛ **내게 주신 은혜 나누기**

✎ 내가 세상을 떠나며 현 내 재산을 유산으로 준다면, 내 자식은 이것으로 뭘 할까요?

✎ 나는 세상을 떠나도 여전히 내 자녀에게 복을 줄 분, 그 분께 내 자녀가 복을 받으려면, 그 분께 예쁘게 보이는 법, 그 길을 가르쳐 주어야 하지 않을까요?

5월-18과

복된 가정에 대한 스케치

*** 찬 송 : 563장, 559장**

샌프란시스코의 한 신문에 고급 자동차인 캐딜락을 100달러에 판다는 광고가 실렸습니다. 그것도 그 해 출고된 차랍니다. 그렇다면 중고라도 최소 1만 달러는 된답니다. 그런데 100달러라니?

한 사람이 속는 셈치고 전화를 걸어 물어 보았습니다. 혹시 가격이 잘못 인쇄된 것이 아니냐, 자동차의 연도가 잘못된 것이 아니냐, 혹시 그 차가 교통사고를 내어 다 망가진 것이 아니냐 했더니 파는 사람의 대답인즉 자동차는 매우 깨끗하고 성능이 좋은 것이라고 했습니다.

그럼에도 100달러라는 것이 이해가 되지 않는다고 하니까, 파는 사람인 그 부인이 속사정을 이렇게 털어놓았습니다. “그 자동차는 나의 남편이 타던 차입니다. 그런데 그 사람이 며칠 전에 세상을 떠났습니다. 얼마 후 그가 작성해 놓은 유서를 보았더니, 글쎄 자기가 죽거든 자기의 캐딜락 차를 팔아서 그 돈을 전부 자기가 몰래 사귀던 어떤 여자에게 주라고 써있지 뭐예요.” 그래서 유언대로 차를 파는 것이며 1만 달러가 넘는 차를 100달러에 팔겠다는 것이었습니다.

불행한 가정의 모습입니다. 여러분, 이런 모습이 없는 크리스천 가정을 이루고 삶에 감사를 드립시다.

1. 시편 128:1-6을 묵상합시다.

2. 오늘 말씀은 좋은 그리스도인의 가정을 마치 스케치 하듯이 그리고 있습니다.

1) 가장(1-2)

ㄱ. 좋은 그리스도인의 가정, 그 모습에서 첫 번째로 등장하는 이가 누굽니까? (1-2)

ㄴ. 신앙적으로 그가 가져야 할 자세는?

- 가장은 하나님께서 세우신 가정의 제사장입니다. 이 의미를 아십니까?

ㄷ. 세상에서 그가 가져야 할 자세는?

2) 주부(3a)

ㄱ. 요즘엔 주부들도 사회생활을 합니다. 그럼에도 주부가 반드시 지켜야 할 자리는 어딥니까? 왜 그들을 안주인이라고 합니까?

- 집안에 주인이 없으면 그 가정은 무정부 상태가 됩니다. 그러기에 자녀들뿐만 아니라 남편도 집에 들어오면 누구를 제일 먼저 찾습니까?

ㄴ. 아내는 무엇과 같다고 합니까?

ㄷ. 그 의미는 뭘까요?

3) 자녀(3b)

ㄱ. 자녀를 무어로 표현했습니까?

ㄴ. 왜 그것으로 했을까요?

- 감람나무는 불을 밝히는 기름으로도, 또 상처를 치료하는 약재로도, 또 식용으로도 쓰이는 등 여러 경우에 사용되었습니다. 그러니까 어린 감람나무엔 많은 가능성이 잠재되어 있습니다.

ㄷ. 자기 자녀들에게 있는 재능을 아십니까? 자녀들의 재능을 알기 위해선 반드시 있어야 할 시간이 있습니다. 그게 뭡니까?

3. 신약성경이 그려주는 복된 가정

1) 자녀에게 주시는 지침(엡6:1-2)

2) 부모에게 주시는 지침(엡6:4)

3) 남편에게 주시는 지침(엡5:25)

4) 아내에게 주시는 지침(엡5:22)

- 유의할 것은 이 지침들엔 설명이 없다는 사실입니다. “왜냐하면”이란 부연적인 설명이 없습니다. 가정을 만드신 하나님께서 일방적으로 만들어 놓으신 절대적인 길들이기 때문입니다.

4. 오늘 본문 시편 128편은 성전에 올라가며 부르는 찬송시입니다. 온 가족이 함께 하나님의 성전으로 가며 부르는 가족 찬양입니다. 이런 가정, 어찌 하나님께서 복 주시지 않겠습니까?

주일, 그 축복의 날, 온 가족이 함께 하나님의 성전으로 오르십시오. 이 찬송을 부르면서 말입니다. 그러면 그 가정, 하나님의 축복 속에 정말 정말 복된 가정을 이루며 살 것입니다. 못미더우십니까? 그러면 한 목소리로 5-6을 읽고 아멘 합시다.

☛ **내게 주신 은혜 나누기**

5월-19과

네가 정말 믿으면

*** 찬 송 : 365장, 357장**

예수님께서 유대인들에게 살해 위협을 당하셨습니다. 그래서 요단강을 건너 이방인의 땅에 가셨습니다. 그런데 예루살렘 근처의 베다니에서 급한 전갈이 왔습니다. 베다니에서 살고 있는 나사로, 마르다, 마리아 집에서 온 소식인데, 나사로가 죽을병에 걸렸다는 것입니다. 분명 그 위기 속에 전갈을 보낸 것으로 보아 예수님께서 빨리 오셔서 고쳐 주셨으면 하는 마음일 텐데, 전갈 속에는 빨리 오시라는 말이 없습니다. 그만큼 예수님께서 다시 유대인의 지역에 돌아오신다는 것은 위험한 일이었기 때문입니다.

그러던 예수님, 일어서십니다. 그리곤 나사로가 잠들었다고 하시며 그 위험을 무릅쓰고 사랑하는 이들의 집으로 찾아오십니다.

1. 요한복음 11:17-44을 묵상합시다.

2. 오늘 본문 35절에 보면 "예수께서 눈물을 흘리시더라"**고 하여 예수님께서 우셨다고 기록합니다.** 이 35절은 성경에서 가장 짧은 절로서, 성경 원어로는 3 단어 (εδακρυσεν ό 'Ιησυς)이고, 영어로는 2 단어 (Jesus wept.)입니다. 그런데 이야기를 아는 우

리들이 볼 때 조금 이상하지 않습니까? 조금 있으면 예수님께서 죽은 나사로를 살리실 것인데, 왜 우시는 걸까요? (각자의 생각을 말해 봅시다.)

내 생각엔, 정이 없는 사람, 감정이 없는 사람을 어찌 인간이라 할 수 있겠습니까? 예수님은 하나님이시지만, 인간으로 오셨기에 우리의 감정이 있으셨습니다. 그래서 우셨습니다. 철저하게 인간의 연약함으로 오신 예수님, 나와 같은 모습임을 보여주시며, 우리를 한 차원 위로 이끌어 주시는 예수님, 감사하지 않습니까?

3. **예수님께서 집에 도착하자 예의바른 마르다가 달려 나와 영접합니다.** 마르다의 첫 인사가 뭡니까? (21-22) 믿음이 있습니까, 없습니까?

이에 예수님의 말씀은? (23)

그러자 마르다의 대답은? (24)

이에 다시 예수님의 말씀은? (25-26)

그러자 다시 마르다의 대답은? (27)

자, 예수님과 마르다의 대화를 보면, 엄청난 믿음의 고백과 그 믿음의 에너지가 오고가고 있습니다. 그런데 다시 한 번 마르다의 대답을 살펴보십시오. 그 말에 왠지 힘이 빠져있다는 느낌이 안 드십니까? 예수님의 말씀에 꼬박꼬박 대답한 마르다, 그 뒤 어떤 행동을 취합니까? (28)

조금 이상하지 않습니까? 그 정도의 믿음의 고백이 있었다면, 이제 믿음의 주인이신 예수님이 오셨으니 예수님과 함께 가야 하는데, 혼자 집으로 휭하니 들어와 마리아를 찾습니다.

그러니까 마르다의 고백은 신앙적 고백이라기보다 상대방에 대한 예의를 다한 인사성 고백이었습니다. '믿는다, 믿는다'하면서도 힘이 없습니다. 왜? 현실성이 없는 인사성 고백이기 때문입니다. 자, 보세요, 그 실체를.

4. **'네 오라비가 다시 살리라'(23)하신 예수님, 믿으면 살리라고 분명히 말씀하신 예수님께서 이제 무덤 앞에 서서 무덤 문을 열라고 하셨습니다.** 그러면 그 기막힌 믿음의 고백을 한 마르다가 얼씨구나 하며 나와서 열어야 할 텐데, 그 예수님을 막는 이가 누굽니까? (39)

기막힌 예수님, 그 마르다를 향해 뭐라고 다시 말씀하십니까? (40)

5. **예수님이 나오라고 하자 죽었던 나사로가 나오는데 어떻게 나옵니까?** 자기 발로 걸어 나옵니까, 누가 부축해 나옵니까, 공중에

떠서 나옵니까? 본문은 애매하게 표현하고 있습니다. 그러나 분명한 것은 자기 힘이 아닌 하나님의 힘으로 나왔다는 겁니다.

믿음의 역사에서 나는 과정을 모릅니다. 그러나 결과는 압니다. 내가 정말 하나님의 살아계심을 믿고, 예수 그리스도를 진정으로 믿으면 절망이라 하던 것에 역사가 일어나는, 그야말로 하나님의 영광을 볼 수 있는 줄 믿습니다.

믿음이 없기 때문입니다. 많은 이들은 아직도 인사 상의 믿음입니다. 예의바른 믿음입니다. 그러나 역사가 없는, 에너지가 없는, 진짜 믿지 않는 그런 가식적 믿음입니다. 그러기에 아직도 한 번도 하나님의 영광을 보지 못했습니다. 좀 무식해도 하나님의 영광을 보는 그런 믿음이 있기를 소망합니다.

☛ **내게 주신 은혜 나누기**

✎ 주님, 내게 그런 믿음 없음을 불쌍히 여기소서 라고 솔직히 기도합시다.

✎ 혹 구역원 가운데 정말 어려운 문제를 놓고 혼자 기도하는 이가 있다면 구역원들이 함께, '어렵다, 불가능하다'라고 여기는 그 문제를 살아있는 믿음으로 이 시간 함께 간절히 기도하고 일어섭시다. 역사가 뒤따를 겁니다.

5월-20과

오순절에 일어난 역사

*** 찬 송 : 190장, 185장**

오순절은 무슨 절기입니까? "제 50"의 뜻을 갖고 있는 단어인데, 구약 성경에서는 칠칠절, 맥추절, 첫 열매의 날 이라 불리고, 오순절이란 명칭은 구약이 아닌 외경에서 사용된 명칭입니다. 유월절 둘째 날 누룩 없는 떡을 먹는 날부터 계산하여 50일째 되는 날에 벌이는 축제로서, 일종의 추수감사제입니다.

이 오순절은 유월절, 장막절과 함께 유대인의 3대 절기로서, 이스라엘의 모든 남자들은 이 절기들에 반드시 예루살렘 성전에 와야 했습니다. 그래서 이때는 언제나 순례자들로 예루살렘은 들끓었습니다. 그런데 어느 오순절에 예루살렘에서 의미심장한 사건이 일어났습니다.

1. 사도행전 2:1-13을 읽어봅시다.

2. 네, 성령의 강림 사건입니다. 성령께서 그 날 이 세상에 임하셨는데, 그 모습이 두 가지로 묘사되어 있습니다.(2-3)

1) 뭐 같은?

- 보이지 않는다고 힘이 없습니까? 성령은 보이지 않지만, 강한 힘이 있습니다. 태풍과 같은 강한 힘, 그 성령께서 나에게서 단숨에 날려버리기를 원하는 것이 뭡니까?

2) 뭐처럼?

- 나에게서 홀랑 태워버리기를 원하는 게 뭡니까? 흔적도 없이 태워 사라지기를 원하는 게 뭡니까?

-> 성령님께 기도하십시오. 날려버리고, 태워버리기를!

3. 이 성령의 역사로 인해 예수님의 제자들이 변했습니다. 어떤 사람으로? '견딜 수 없는 심령의 사람'으로! 가만있을 수가 없었습니다. 어떤 견딜 수 없는 심령의 사람이 되었을까요?

1) 기도하지 않고는 견딜 수 없는 사람
- 상상해 보셨습니까? 성령 충만한데 기도하지 않는다? 기도와 성령 충만은 떨어지려야 떨어질 수 없습니다.

2) 증거 하지 않고는 견딜 수 없는 사람
- 뭘 그토록 증거 하려고 했을까요? 이 심정, 렘20:9에 있습니다.

3) 사랑하지 않고는 견딜 수 없는 사람
- 성령 충만한 그들이 이룬 공동체, 어떤 곳입니까?(44-47)

=> 가장 위대한 사람, 가장 무서운 사람은 어떤 사람일까요? 선한 일에 견딜 수 없는 심령의 사람입니다. 되도 그만 안 돼도 그만, 이래도 좋고 저래도 좋고 하는 사람보다는 불타는 심령을 갖고 영혼 하나 하나를 위해 눈물 흘리는 사람, 변화되지 않는 이들을 붙들고 속이 타서 기도하고 애쓰는 사람, 사랑을 받아주지도 않는 이들을 향해 사랑의 진실을 전해 주기 위해 속에 열불이 붙은 사람, 이런 이들이 세상을 변화시키고, 마침내 선한 세상, 선한 하나님의 나라를 이루게 됩니다.

4. 어떻게 하면 이런 성령 충만한 사람이 될 수 있을까요?

1) 기도! 그건 두말 하면 잔소리이죠. 기도에 힘쓰십시오.

2) 순종에서 시작됩니다. 예루살렘을 떠나지 말고 기다리라고 하신 예수님의 말씀에 절대 순종하였던 이들이 마침내 성령 충만했습니다. 무슨 일이 있어도 주님께 순종하십시오. 자아(自我)가 지나치게 강한 사람, 주님께 순종치 않는 사람은 성령 충만하기 어렵습니다.

3) 그날 현장에 있던 이들 중에 성령 충만하여 로마에 가서 교회를 세운 이들이 있는데, 그 이름은 모릅니다. 그런데 그들을 묘사한 단어가 있는데, 5절에 '경건한 유대인'이라고 합니다. 경건하다는 단어는 율라바이스(εὐλαβεις)로, 뜻은 "잘 받아들인다"입니다. 바로 이들입니다. 오순절에 일어난 사건에 대해 어떤 이들은 술에 취했다고 했으나, 이들은 그 역사를 그대로 받아들인 목격자들로, 역시 성령에 충만하여 로마로 돌아가 교회를 세웁니다.

성령의 역사, 그대로 잘 받아들이십시오. 주님의 말씀을 잘 받아들이고, 주님의 역사를 그대로 받아들이고, 순수한 심령과 단순한 마음으로 아멘 하는 이들에게 성령 충만은 어렵지 않게 주어집니다. 늘 부정적이고, 꼬고, 의심하며 색안경 끼고 바라보는 이들에겐 성령 충만이 어렵습니다. 예수님이 말씀하신 것처럼 "어린아이와 같은 이"가 성령이 충만할 수 있습니다.

5. **성령이 이 땅에 충만히 임하는 이유는 무엇일까요?** 예언 기도, 신유, 입신,... 뭐 이런 것으로 부수입 올리라고? 아닙니다. 오순절 날에 성령이 충만히 임하여 일어난 역사는 사람을 변화시키는 것이었습니다. 어떤 사람으로? 참을 수 없는, 견딜 수 없는 심령의 사람으로 변화시킨 것이었습니다. 이런 거룩한 열정을 갖도록 성령 충만하십시오.

☛ **내게 주신 은혜 나누기**

✎ 성령 충만, 그리스도인이라면 누구나 받아야 하는 겁니다. 이 시간 사모하는 심령으로 다함께 성령 충만을 위해 기도합시다. 자기 의지 버리고 성령의 감동의 역사를 그대로 받아들이십시오.

5월-21과

무슨 힘으로 사십니까?

*** 찬 송 : 187장, 191장**

어느 할머니가 홀로 계시며 오랫동안 병을 앓다가 세상을 떠나셨습니다. 자녀들은 장례가 끝나자마자 할머니 전세방 돈과 돈이 될 만한 가구들만 챙겨가고, 할머니가 오랫동안 누워 계시던 이부자리와 베개는 그냥 내버린 채 뒤도 안 돌아보고 가버렸습니다.

그 이웃에 살던 한 사람이 그들이 버리고 간 이부자리와 베개를 아깝다고 가지고 가서 세탁을 하여 쓰려고 하는데, 베개에서 좀 이상한 소리가 났습니다. 그래서 베개 속을 열어 보니까, 거기에 돈이 100여만 원과 금가락지들이 들어 있었습니다. 그 사람은 횡재를 한 겁니다.

왜 베개 속에 돈을 넣고 있었을까요? 어느 노인께 여쭈었더니, "늙으면 돈이 있어야 마음이 든든한 법이야. 자식들이야 어떡하든 있는 돈 빼앗아 가려고 하지, 그나마 있는 돈 빼앗기면 노인들은 의지할 게 없어."하십니다.

그래서 그럴까요? 노인들이 오랫동안 누워 계시던 병석에는 이부자리 밑에 언제나 만 원짜리 몇 장은 있다고 합니다. 돈을 의지함으로 사는 겁니다. 그래야 마음이 든든한 거죠.

그러면 집사님, 권사님, 아니 장로님은 무슨 힘으로 사십니까?

1. **퀴즈를 낼까요?** 예수님의 제자들 중에 정말 똑똑한 이들은 몇 명이나 될까요? 3년을 스승인 예수님과 함께 동고동락했는데, 그들은 스승의 뜻을 제대로 파악하고, 그 뜻을 받들기 위해 충성했습니까?

   1) 마 20:17-24을 읽어봅시다. 어떤 제자들의 모습입니까?

   2) 마 26:36-40엔 어떤 모습입니까?

   3) 마 26:56엔 또 어떤 모습입니까?

2. **이런 제자들을 예수님께서 후회하신다고 한 적이 언제 입니까?**

3. **그런데 이들이 변했습니다.** 제자들이 이렇게 변한 수 있었던 힘은 뭘까요? 정 모르겠으면 요 14:26을 보십시오.

4. **성령을 무시하고, 그 감동의 역사를 무시하고 그리스도인이 될 수 있으며, 변화될 수 있을까요?** 매시, 매 순간 성령의 역사를 사모하십시오. 성령께서 가르쳐주시고, 감동 주시기를 간구하십시오.

5. **요한복음 14:15-17을 읽어봅시다.**
   1) 사랑이 먼저입니까, 계명이 먼저입니까?(15)

   2) 그런데 이게 쉽습니까? 사랑도 쉽지 않고, 계명 지킴도 쉽지 않습니다. 그러기에 예수님은 누구를 보내신다고 하십니까?(16)

3) 그의 이름이 '보혜사'입니다. 돕는 자란 뜻입니다. 누구를 돕습니까? 그냥 가만있는 이를 돕습니까? 아니면 ?

4) 물어볼까요? 그냥 가만히 있는데, 성령이 임하셨다는 경우 보셨습니까? 세상에선 '신이 내렸다'고 즉 귀신이 내렸다고 해서 무당이 되는 경우가 있습니다. 귀신은 자기 하고픈 대로 입니다. 그러나 성령님은 결코 그런 경우가 없습니다. 왜 그런지 아십니까? 우리를 존중하실 뿐만 아니라 그 분이 이 세상에 오신 이유는 '돕기'위해서 이기 때문입니다. 그러면 대체 어떤 이를 돕는다는 걸까요?

- 여러분, 주의 뜻대로 살려고 애 쓰십시오. 보혜사 성령께서 도와주십니다. 연약한 자기를 너무나 잘 알아서, '주님의 뜻대로 살고픈 데 그렇게 되지 않아요 도와주세요' 하며 소망하는 진실한 성도들을 도와주시기 위해 성령님은 이 땅에 오셨습니다.

내가 조금만 더 주님의 뜻대로 살려고 애를 쓴다면 내 속에 영원토록 거하시는 성령님은 힘을 내셔서 나를 붙들어 주실 것입니다. 내가 조금 더 진실하고, 성결한 생활을 하려고 노력한다면 내 안에 계시는 성령님은 기쁨 가운데 나의 생을 이끌어 주실 것입니다. 내가 좀 더 능력 있는 성도의 생활, 봉사와 섬김의 생활을 하려고 마음만 먹는다면 내 속에 거하시는 성령님은 너무나 기뻐하시고, 또 기특히 여기사 얼마든지 나에게 기도의 문을 열어주시고, 능력과 섬김의 기쁨을 충만케 해 주십니다.

6. **무슨 힘으로 사십니까?** 그리스도인은 성령의 힘으로 사는 겁니다. 요14:26-27에 보면 예수님은 이렇게 말씀하십니다. **"보혜사 곧 아버지께서 내 이름으로 보내실 성령 그가 너희에게 모든 것을 가르치고 내가 너희에게 말한 모든 것을 생각나게 하리라. 평안을 너희에게 끼치노니 곧 나의 평안을 너희에게 주노라 내가 너희에게 주는 것은 세상이 주는 것 같지 아니하니라 너희는 마음에 근심하지도 말고 두려워하지도 말라"**

보혜사 성령님께서 사모하며 노력하는 이를 도와서 그의 힘이 되어주실 것이며, 그는 마침내 근심에서 벗어나 주의 평안에서 복을 누릴 것입니다.

사랑하는 여러분, 반복합니다. 무슨 힘으로 사십니까? 세상이 주는 평강이 아닌 예수님의 평안을 가져다주는 성령님이 여러분의 힘이 되시기를 소망합니다.

☛ **내게 주신 은혜 나누기**

구부리는 자만이

구부리는 자만이 살 수 있다.
얼마나 외세, 외풍이 센지
방향을 종잡을 수 없을 정도로
이리 치고 저리 치고 …
때로는 그 힘 때문에
구부린 자신의 몸까지 비비 꼬인다.
그럼에도 구부리는 이가 살 수 있다.

그러나 구부린다고
속까지 구부린 것은 아니다.
겉은 아무리 꼬이고 구부러졌어도
속은, 기개만은 소나무다.
자부심만은 불변이다.
속사람만은 아무리 이러쿵저러쿵 해도
꿋꿋하다.
내 심지는 변함이 없다.

6월-22과

제대로 보고 계십니까?

*** 찬 송 : 366장, 524장**

생물 실험실에서 현미경을 처음 본 아이가 이런 말 한 것을 기억합니다. "난 눈이 좋아서 현미경은 필요 없어!" 이 아이는 현미경으로 무엇을 들여다보는지 모르고 있었던 것입니다. 그러기에 시력이 좋아서 그런 것쯤은 다 볼 수 있다고 생각한 것입니다. 그러나 아무리 시력이 좋아도 현미경이 들여다보는 세계를 볼 수는 없습니다. 이 아이는 현미경이 보는 세계를 몰랐기에, 그 미세한 세계에 대해서 무지했기에 보지 못하면서도 창피한 줄도 모르고 큰 소리 쳤던 것입니다.

1. 사도행전 9:1-18을 묵상합시다.

1) 사울의 인간적 조건을 알아봅시다. 바리새파, 유대 최고의 학벌인 가말리엘 문하에서 수학, 국제도시 다소에서 태어나 자랐고, 그곳에서 당대 세계의 학문이며 문화였던 헬레니즘을 공부함. 그러니 오늘날로 말하면 철학 박사 정도의 학위에다 국제적 감각을 갖고 있던 엘리트입니다. 이 정도의 엘리트가 예수를 볼 때 어떠했을까요?

2) 그가 보는 예수는 갈릴리 촌놈이었고, 불학무식하며, 백성들을 선동하여 속인 사기꾼이었고, 유대교 정통에 도전했던 이

단자였으며, 결국은 십자가에 처형당한 부끄러운 죄인. 그 자신이 갖고 있는 안목으로 볼 때 예수는 형편없는 존재였으며, 이젠 죽어 버린, 이 땅에서 없어져 버린 그런 과거의 사람이었습니다.

3) 그런데 사람들이 그에게 몰려갑니다. 그 제자들이 그것을 전합니다. 이러니 엘리트로서 책임감(?)이 생깁니다. 이런 이단을 처형하는 것이 하나님께 영광이요, 민족을 위하는 일이라고 생각하여 예수 믿는 이들을 핍박합니다.

4) 그래서 외국 땅, 다메섹에 예수쟁이들이 있다는 정보를 갖고 잡으러 갑니다. 그 살기가 어느 정도입니까?(1-2) 그런데 도중에 예수님을 만납니다. 어떻게? (3)

5) 그 결과 어떻게 됩니까? (8)

-> 분명한 표현이 있습니다. '눈은 떴으나 아무 것도 보지 못하고'. 본다는 것은 눈을 통해 들어온 것이 신경을 통해 뇌에 전달되어야 보는 겁니다. 그런데 보긴 보는데, 알지 못합니다.

육신의 눈이 이렇습니다. 체해보신 적이 있습니까? 어지럽습니다. 나의 의지는 바로 서려는데, 세상은 빙빙 도는 것으로 보입니다. 육신의 눈으로 보는 것은 이런 겁니다. 그런데도 끝까지 자기 눈으로 봐야 믿겠다고 합니다. 현미경도 없이 미세한 세계를 보겠다는 것과 다를 바 없습니다.

2. **잠시 소경이 되었던 사울, 후에 그가 이 때 눈을 뜨고 난 경험을 기초로 이런 고백을 합니다. "우리 주 예수 그리스도의 하나님, 영광의 아버지께서 지혜와 계시의 영을 너희에게 주사 하나님을 알게 하시고 너희 마음의 눈을 밝히사 그의 부르심의 소망이 무엇이며 성도 안에서 그 기업의 영광의 풍성함이 무엇이며 그의 힘의 위력으로 역사하심을 따라 믿는 우리에게 베푸신 능력의 지극히 크심이 어떠한 것을 너희로 알게 하시기를 구하노라."**(엡 1:17-19)

구원 받은 성도들이 반드시 보아야 할 것들이 뭡니까?

3. **하나님의 계시가, 뜻이 제대로 잘 보입니까?** 영안이 열려야 합니다.

그러기 위해선, **기도해야 합니다**. 은혜 체험 후에 사울은 기도에 힘쓰고 있었습니다.(11) 기도할 때 주께선 우리에게 지혜와 총명을 주시며, 바른 판단력을 주시며 올바른 것을 보게 하십니다. 렘 33:3을 찾아봅시다. 기도할 때 우리는 진정 보게 됩니다.

말씀을 배워야 합니다. 말씀이 따라가지 않는 기도 생활은 무속 신앙에 빠질 위험이 많습니다. 사울은 세례를 받았습니다. 이는 예수가 누구인지 배웠다는 것입니다. 기도만 한 것이 아니고 말씀을 배웠고 그 결과 예수를 그리스도로 고백하여 세례를 받았습니다.

성령 충만해야 합니다. 성령은 하나님의 뜻을 압니다. 고전 2:10을 보십시오. 성령 충만할 때 우린 하나님의 뜻을 바로 알 수 있고, 바로 볼 수 있습니다.

그럼에도 저절로 이 하나님의 뜻을 알 수 있다고, 저절로 그 세계를 잘 볼 수 있다고 여기는 사람들이 있습니다. 시간이 지나면 저절로 될 거야, 그냥 교회만 다니면 .... 사울이 은혜 체험하고 그대로 있었다면 저절로 사도 바울이 될 수 있었겠습니까? 아닙니다! 저절로 주의 일군이 되지 않습니다. 저절로 마음의 눈을 갖게 되지 않습니다. 그냥 1주일에 한 번 교회 다니다 보면 저절로 성숙한 성도, 저절로 영적 안목을 갖는 성도가 되는 것이 아닙니다. 기도에 힘쓰고, 말씀에 묻히고 그리하여 성령 충만할 때 비로소 성숙한 성도가 되어 하늘의 역사를 보게 됩니다.

믿음의 세계를, 하나님의 영광과 역사, 섭리를 제대로 볼 수 있는 영안이 열리기를 바랍니다. 그리하여 주님의 뜻을 제대로 따라가는 성도들이 되시기를 바랍니다.

☛ 내게 주신 은혜 나누기

✐ 답답해하는 식구가 있다면 이 시간 함께 기도해 줍시다. '주님, 보게 해주세요, 깨닫게 해주세요' 함께 기도해 줍시다.

6월-23과

너의 성숙함을 나타내라

＊ 찬 송 : 453장, 455장

우리 집 아이가 4살 때, 이 녀석이 밥을 먹고는 꼭 내 옆에 와서 쓰윽 서 봅니다. 처음에는 별 생각 없이 지나갔는데, 언제부터인지 밥을 먹고 나서 하는 일이 내 옆에 와서 슬그머니 서 보는 일이었습니다. 웬일인가 했는데, 가만 보니 자기 키 커진 것을 보라는 것이었습니다.

우습다는 생각이 들었지만, 가만 생각해 보니 그거야말로 성경적이라는 생각이 들었습니다. 여러분, 사람은 모름지기 성장해야 한다. 제 말 같아 보입니까? 아닙니다, 성경이 그렇게 말씀하고 있습니다.

1. 디모데전서 4:15을 묵상합시다.

얼마나 자랐습니까? 얼마나 성장 성숙하셨습니까? 성경은 그것을 나타내 보이라고 하는데, 정말이지 얼마나 신앙이, 속사람이 자랐습니까? 서당 개 3년이면 뭐를 한다고요? 분식집 3년이면 또 뭐를 한다고요? 그만큼 교회를 다니고, 구역 예배를 드리고, 기도 생활을 하고, 말씀을 사모했으면 성장, 성숙했을 텐데 얼마나 ?

2. 그것을 우리는 어떻게 측량할 수 있을까요? 우리의 인격과 신앙이 얼마나 자랐는가를 어떻게 알 수 있을까요?

방법이 있습니다.

1) 무엇에 관심이 더 많으십니까? 아이들의 관심은 뭡니까? 그러면 어른들의 관심은 뭡니까? 그렇다면 요즘 나의 주 관심은 뭡니까?

2) 또 있습니다. 무엇이 고민거리이십니까? 아이들의 고민거리는 주로 뭡니까? 그러면 어른들의 고민거리는 뭡니까? 역시 나의 요즘 고민거리는 뭡니까?

- 관심과 고민거리가 성장해야 합니다. 변해야 합니다. 여전히 세속적이고, 물질적이라면 그리 많이 성숙한 이는 아닐 겁니다.

3) 그뿐 아닙니다. 내게 기쁨을 주는 대상이 뭡니까? 아이들이 주로 기뻐하는 것, 행복해 하는 것은 뭡니까? 나랑 무슨 큰 차이가 있습니까?

4) 그리고 내게 최대의 가치를 주는 것이 뭡니까? 다시 말해 나는 무엇을 위해 죽을 수 있는가? 이게 바뀌어야 합니다. 그러면 그는 성장, 성숙한 이라고 볼 수 있습니다.

3. 성경은 분명히 말씀하십니다. 그것을 내 보이라고 말입니다. 다른 모든 것은 감추고, 낮추고, 드러내지 말라고 하는데, 영적 진보만큼은 전심전력하여 진보를, 성숙함을 나타내라고 합니다.

기도하는 것, 진보를 나타내야 합니다. 기도하라고 하면 언제나 '전 못해요'하거나 '저 같은 것이 어떻게 ...'하며 사양하는 것은 성경의 뜻이 아닙니다. 전에는 못했지만 이젠 할 수 있음을 나타내야 합니다.

봉사할 수 있는 것, 역시 보여야 합니다. 전도, 사랑, ... 모든 기독교의 덕목들은 그 성장을 나타내 보여야 합니다. 감추는 것만이 능사가 아닙니다. 아름다운 그리스도인의 성장, 그것은 나타내 보이는 것입니다. 물론 교만 하라는 것은 아닙니다. 두렵고 감사하는 마음에서 자신의 성장과 성숙을 보일 수 있어야 한다는 겁니다.

얼마나 자랐습니까? 친구들이, 교우들이, 특별히 여러분의 영적인 일에 온통 관심 갖고 있는 여러분의 목사가 그것을 볼 수 있습니까? 만약 그렇지 않다면 그것은 불행한 일입니다. 영적인 면에 가장 관심 갖고 살피는 이가 여러분의 영적 성장을 느끼지 못할 정도라면 문제가 있는 것 아닙니까?

숨어서 하면 되지 .... 아닙니다! 그것은 사탄의 함정입니다. 영적 성숙, 성장은, 그 진보를 나타나게 하라고 성경은 말합니다. 좀 더 의젓해지고, 좀 더 가치 있고, 좀 더 아름다운 일들, 좀 더 하나님의 나라에 관심과 열심을 갖기 바랍니다.

4. 한 생명이 태어났습니다. 얼마나 기뻐하는지 모릅니다. 그런데 1년, 2년이 지나가는데 아이가 자라지 않습니다. 그러면 그 기쁨은 곧 근심으로 바뀌고 맙니다.

여러분을 바라보는 주위의 시각도, 주님께서 바라보는 것도 그럴 겁니다. 탄생의 기쁨에서 성장하는 기쁨, 성숙한 기쁨을 주시기 바랍니다. 여러분의 삶을 바라보며 주위에서 흐뭇해하고, 행복해 할 수 있도록 그리 살아갑시다. 오늘은 옆 사람에게 물어보고 마칩시다. "집사님, 제가 얼마나 성숙한 것 같습니까? 권사님, 제가 얼마나 성장한 것 같습니까? 어느 면을 보니 그렇습니까?" 만약 대답을 머뭇거린다면 그거 누구 책임입니까?

☛ **내게 주신 은혜 나누기**

✍ **정말 위의 질문을 하십시오. 작년에 비해 올 해 내가 나아진 신앙적인 면은 무엇입니까? 나에게서 예수님의 향기가 전보다 더 물씬 납니까? 혹시 내게서 예수님의 흔적이 보입니까? 진지하게 묻고, 위해서 기도해 줍시다.**

6월-24과

다 나은 삶을 위하여

*** 찬 송 : 490장, 491장**

미국의 어느 40대 실업가가 과로사로 많은 재산을 남기고 죽었습니다. 그러자 그의 부인이 비석에 이렇게 썼다고 합니다. "불쌍한 남편, 한 푼도 써 보지 못하고 가다니 ... 그러나 고마운 남편, 일생을 써도 다 못 쓸 것을 주고 가다니 ..."

왜 우리는 열심히 삽니까? 왜 우리는 그렇게 잠도 못 자며 코피 터지게 사는 겁니까? 왜 우리는 그토록 사랑스러운 자녀들과 제대로 대화도 못하며, 밥 한 술 정답게 먹을 시간도 없이 삽니까? 왜 우리는 그렇게 좋아하는 음악도 감상할 여유 없이 쫓기듯 삽니까?

뭔가 더 나은 삶을 위하여! 그렇지 않습니까? 뭔가 더 나은 것이 있다고, 뭔가 더 가치 있고, 의미 있는 삶이 있다고 여겨서 그렇게 사는 것 아닌가요?

그런데 과연 이대로 계속 나아가면, 이런 식으로 세월만 가면 원하던 그런 생활을 이룰 수 있겠습니까? 그것은 저절로 이루어지겠습니까?

1. 히브리서 10:32-39을 묵상합시다.

2. 예수 믿고 어떤 일을 당한 사람들이 소개됩니까? (33-34)

1) **"비방과 환난으로 사람에게 구경거리가 되고"** : 비방은 정신적인 고통, 환난은 육체적 고통을 의미합니다. 네로 시대 박해에 의하면 그리스도인들을 원형 극장에서 맹수와 격투시킴으로 사람들의 구경거리로 삼았다고 합니다. 더욱이 로마의 역사학자 타키투스(Tacitus)는 주후 64년의 네로 통치하의 그리스도인 박해에 대하여 이렇게 증언합니다. "그들의 죽음은 흥밋거리였다. 그들은 야생 짐승의 가죽을 덮어쓰고 개들에게 갈기갈기 찢기거나, 십자가에 묶였다가 해가 지고 어두워지면 화형(火刑)되어 횃불 구실을 하였다." 이루 말할 수 없는 고통의 모습입니다.

2) **"혹 이런 형편에 있는 자들과 사귀는 자가 되었으니 너희가 갇힌 자를 동정하고 너희 산업을 빼앗기는 것도..."** : 가족과 이웃, 친구 중에 믿음 때문에 이런 고통을 당하는 이들이 있고, 그리고 한 걸음 더 나아가 믿음 때문에 재산도 빼앗기게 되었습니다.

3) 왜 이렇게까지 당하면서도 예수를 믿었을까요? **"너희가 갇힌 자를 동정하고 너희 소유를 빼앗기는 것도 기쁘게 당한 것은 더 낫고 영구한 소유가 있는 줄 앎이라"** 더 나은 것! 더 나은 것이 있기에, 그것을 알기에 그런 아픔과 고통을 이겨 나가는 것이 아닙니까요? 누가복음 6:22-23을 묵상합시다.

3. 인간은 누구나 다 더 나은 삶을 원하지만 그 중에도 그리스도인은 좀 더 나은 삶을 추구하는 사람입니다. 이 땅의 것에 만족하지 못하면 하늘나라의 것으로라도 만족하기 위해 더 높은 것, 더 나은 것, 더 영원한 것을 추구하는 사람이 그리스도인입니다.

그런데 문제는, 더 나은 삶을 원하는데, 그래서 뭔가 결단하고 추구하고 싶은데 그게 쉽지 않습니다. 여태까지 해 온 습관이 쉽게 놓아주지 않습니다.(롬 7:22-24) 오늘까지 익숙해진 가치관, 생활이 쉽게 변화되지 못하게 합니다. 어떻게 하면 좋을까요?

신앙적으로, 영적으로 변한다는 것이 쉬운 일이 아닙니다. 영적으로 한 차원 더 높이 올라선다는 것이 결코 쉬운 일이 아닙니다. 사탄이 그리 쉽게 놓아주지 않습니다. 그래서 분명 더 나은 생활이 있음을 아는데 쉽게 벗어날 수 없습니다. 끊어 버릴 수 없습니다. 잊어버릴 수 없습니다. 털어 버릴 수 없습니다. … 어쩌면 좋을까요?

이 문제를 해결하기 위해, 이렇게 몸부림치는 우리들을 돕기 위해 오신 분이 계십니다. 누구? 그렇습니다. 그러기에 성령님께 늘 도우심을 간구하십시오. 그 분의 도우심 없이는 결코 불가능합니다. 성령의 감동과 역사를 의지하십시오.

4. **요즘 신앙생활, 영성 생활은 어떠십니까?** 마음 놓을 만 한가요? 만족할 만 한가요? 모두들 나만 같아 보라고 할 정도로 자신 있습니까? 성령님께서 조금 더 나은 신앙생활을 가르쳐 주기 위해 이 세상에 오셨습니다. 조금 더 가치 있고, 조금 더 의미 있는 신앙생활을 위하여!

조금 더 나은 신앙을 위하여 조금 더 성경을 읽읍시다. 조금 더 기도를 합시다. 조금 더 전도에 힘씁시다. 조금 더, 조금 더

.... 선한 일에 힘을 씁시다. 그러면은 마침내 더욱 성숙한 신앙인으로 서게 될 것입니다.

히브리서는 고난에 직면한 성도들에게 쓴 글입니다. 이들은 이미 무서운 고난을 당했거나 또는 곧 당할 위기에 직면한 이들입니다. 이들에게 뭔가를 말하는 히브리서는 특이하게 "better" (더 나은)이란 단어를 12번이나 사용하고 있습니다. 뭘 말하는 걸까요? 신앙 중에도 더 나은 신앙이 있습니다. better faith, better hope, better love, better christian, better... 더 나은 믿음, 더 나은 소망, 더 나은 사랑,..... 고난이 있지만 이것이 다가 아닙니다, 좀 더 나은 것을 바라봅시다! 좀 더 나은 것을 추구합시다! 이것이 히브리서의 교훈입니다.

더 나은 신앙을 권면하는 오늘 본문은 이렇게 끝을 냅니다. **"나의 의인은 믿음으로 말미암아 살리라 또한 뒤로 물러가면 내 마음이 그를 기뻐하지 아니하리라 하셨느니라. 우리는 뒤로 물러가 멸망할 자가 아니요 오직 영혼을 구원함에 이르는 믿음을 가진 자니라."** 퇴보하는 신앙이 아니라 좀 더 나은 신앙, 영혼을 구원하는 믿음을 가진 자다운 의연한 신앙인으로 여러분 각자가 조금 더 노력하시고, 또한 성령님께서도 여러분 모두를 그렇게 성장시키기를 소망합니다.

☛ **내게 주신 은혜 나누기**

✎ **내가 좀 더 나은 신앙생활을 위해 해야 할 것, 버려야 할 것이 뭡니까? 이를 위해 서로 기도해 줌으로 마칩시다.**

6월-25과

완악함을 탄식하사

*** 찬 송 : 95장, 96장**

오래 전, 한 초등학교 앞에서 병아리들이 날개 돋친 듯이 어린아이들에 의해 팔린 적이 있습니다. 갓나온 병아리들이 예뻐서 집에서 기르려고 사가는 줄 알았는데, 실상은 그게 아니었습니다. 아이들이 서로 자기가 사 온 병아리들을 고층 아파트에서 떨어뜨려 누구의 것이 죽지 않나 내기를 하기 위한 것이었다고 합니다. 우리가 왜 이렇게 완악해졌을까요?

1. **이렇게 완악해진 세상을 바라보시는 예수님, 어떠실까요?** 마가복음 3:1-6을 봅시다.

2. **현장에 대한 스케치입니다.**

1) 어디 입니까?

2) 어느 날 입니까?

3) 누가 거기에 들어왔습니까?

4) 공교롭게 거기에 어떤 몸이 불편한 이가 있습니까?

5) 그는 어느 쪽 손이 그렇게 되었습니까?(눅 6:6)

6) 손이 말랐다는 것은 오늘날의 질병으론 뭡니까?

- 이 사람의 고통, 불편함은 어느 정도일까요? 오른 손이랍니다. 얼마나 불편할까요? 그가 할 수 없는 행동들을 말해 볼까요?

7) 이제 이 사람이 누구를 만났습니까? 그 분은 아픈 사람을 보면 어떻게 하시던 분입니까?

8) 그렇다면 이제 그 자리에 함께 있는 사람들의 관심은 뭐 일까요?

9) 그런데 실상 저들의 관심은 뭐였습니까?

3. 예수님의 분노가 일어납니다.

1) 그 아픈 사람에게 예수님은 무엇을 명합니까?(3)

2) 왜 굳이 그러셨을까요?

3) 그리곤 주위 사람들에게 무엇을 묻습니까?

4) 이 질문에 정상적인 사람이라면 뭐라 대답해야 합니까?

5) 그런데 그들은 뭐라 대답했습니까?

6) 왜 그랬을까요?

7) 애당초 그들의 관심은 병자의 아픔, 고통에 있습니까, 아니면?

8) '노하심'이란 단어는 눈을 많이 굴린다는 뜻도 있답니다. 예수님께서 어떻게 하셨다는 의미일까요?

4. **술 한 잔 먹은 것, 거짓말 한 번 한 것, 도둑질 몇 번 한 것, 이것이 심각한 문제가 아닙니다.** 이것이 예수님의 분노를 산 것이 아닙니다. 오히려 이런 죄인은 예수님의 긍휼을 얻었습니다. 이런 실수와 죄가 문제가 아니라 불쌍한 사람을 보고도 그 아픔을 함께 느끼지 못하고, 비극적인 것들을 보고도 비극으로 느끼지 못하고 쾌감으로 느끼는, 인간성 상실을 분노하셨습니다.

냉정해짐을 자랑하지 마십시오. 예수님의 분노는 인간성 상실, 인간의 기본적인 따뜻함을 잃어버림에 있습니다. 긍휼을 잃지 마십시오. 긍휼이 없는 이에겐 긍휼이 없는 심판이 있다고 합니다.

5. **보십시오. 예수님은 그 자리의 분위기를 이미 알고 계셨습니다.** 트집을 잡으려고, 자신을 고발하려고 기회를 엿보고 있는 덫인 줄 알았습니다. 그럼에도 그것이 인간으로 당연히 해야 할 일이라고 여기셨기에 초연히 그 일을 하셨습니다.

이게 용기 아닐까요? 마땅히 인간으로, 그리스도인으로 해야 할 일을 하는 것, 시비 걸고, 음해하려는 이들이 있지만, 그럼에도 이게 마땅한 길이다 할 때 주저하지 않고 그 길을 가는 것, 그리스도인의 용기입니다. 우리가 목숨을 걸고 배워야 할 진정한 용기, 사랑을 향한 용기입니다.

완악해지는 마음을 자랑 말고, 늘 순전한 심령, 깨끗한 마음으로 주님을 따라 갑시다.

☛ **내게 주신 은혜 나누기**

✎ **요즘 내 마음은 굳어지고 있지 않은가? 감격도 사라지고, 감정도, 눈물도... 왜 이리 마음이 굳어질까? 함께 손을 잡고 우리의 마음, 순전한 마음으로의 회복을 위해 기도합시다.**

이유 없이 눈물이 나는 이유

요즘엔 가만히 있으면
왠지 눈물이 자주 난다
뭔가 속에서 눈물을 보낸다
굳어버리고, 말라버린 줄 알았는데
어디서부터일까
순간의 몸서리치는 감격이
눈물샘을 자극한다

까닭을 모를 것 같지만
난, 안다
그것이 내 안에서 거하시는
성령께서
말씀하시는 것을,
굳어버리고 애써 외면하던
그 순수함들을
성령께서 일깨워 주시는
마지막 인공 호흡인 것을,

7월-26과

감사하라고 하시는 이유

*** 찬 송 : 304장, 310장**

성경은 도처에서 하나님께 감사하라고 합니다. 감사는 자발적으로 나오는 것이 가치 있는데, 어째서 성경은 어찌 보면 윽박지르는 것 같을 정도로 우리에게 감사하라고 하는 걸까요? 하나님께서 엎드려 절 받기를 좋아하셔서 그런 걸까요? 뭔가 이유가 있을 겁니다.

1. 오늘 본문은 누가복음 17:11-19입니다.

2. 본문을 살펴봅시다.

1) 예수님이 나병환자 열 명을 만나셨는데, 이들은 왜 멀리 서서 소리칩니까? 가까이 다가와서 주님 옷자락이라도 붙잡을 일이지.

2) 이들이 뭐라고 소리칩니까?(13)

3) 그렇게 소리치는 이유는 뭡니까? 도대체 뭘 도와달라는 겁니까?

4) 아니, 이 세상에 나병을 고칠 사람이 어디 있습니까? 그렇다면 이들은 예수님을 누구라고 여기고 있는 겁니까?

5) 그러자 예수님께서 그들을 향해 누구에게 가서 몸을 보이라 하십니까? 왜 그들에게 몸을 보이라고 한 것일까요?(레 13장)

6) 그들은 가다가 고침 받았지요? 그러자 예수님께 돌아와 감사한 이가 누구입니까? 예수님은 이를 보고 뭐라 하십니까? (17-19)

3. 본문에서 드러난 감사생활에 대한 예수님의 가르침

1) 하나님의 은혜 속에 사는 이들에게 있어야 할 것은, 주께서 중시하시는 것은 감사를 표할 줄 알아야 한다는 것입니다.

하나님께 감사를 표할 줄 안다는 것은 그만큼 성숙했다는 표입니다.

하나님께 감사를 표하는 것은 하나님께 영광을 돌리는 것입니다. 다른 사람들이 보고 함께 주님의 성호와 은총, 능력을 찬송하며 영광 돌릴 수 있기 때문입니다.

2) 주께서 중시하신 것은 즉각적인 감사입니다.

감사를 말하면 언제나 사람들은 물질을 핑계 댑니다. 그렇지 않습니다. 나병환자가 무슨 물질이 있다고 들고 왔겠습니까? 그저 온 마음과 정성으로, 진심으로 주님께 무릎 꿇고 감사하십시오. 그 때 그 때 감사한 일이 생각날 때마다 말입니다.

3) 주께서 중시하신 것은 감사하는 자에게 주어지는 영적 은총입니다.

육신적인 것에 은혜 받고 감사하는 이에게 진정 주님께서 주시고 싶었던 것은 영적인 은총입니다. 육신의 은혜만 받고 신난다고 세상으로 나가, 그 영혼이 도리어 실족하는 이들이 많습니다. 진정 우리가 받아야 할 것은 육적인 것 보다 더 중요한 영적인 은혜입니다. **"일어나 가라 네 믿음이 너를 구원하였느니라!"**

우리가 이 세상 살면서 시시때때로 하나님께 온갖 좋은 것들을 은혜로 받는 궁극적인 목적이 뭡니까? 우리 영혼의 구원, 우리 영혼의 강건함입니다. 이것을 놓치면 우리는 헛된 것을 붙잡은 겁니다.

4. 성경은 왜 우리에게 감사하라고 그렇게 자주 권합니까?

그것은 하나님께 영광 돌리는 것이며, 하나님께서 기뻐하시는 것이며, 감사하는 이에게 하나님께서 주시고자 하는 영적인 큰 은총이 있기 때문입니다. 우리 자신들을 향한 더 큰 축복이 준비되어 있기 때문입니다.

한 가지 더 우리가 오늘 말씀에서 생각할 것이 있습니다. 은혜 받은 10명중 감사하기 위해 돌아온 이는 한 명인데 그는 사마리아인이었고, 그냥 가버린 이들은 유대인이었습니다. 어릴 적부터 교회에서 자란 이가 유대인이며, 아마도 도중에 믿은 이, 초신자가 사마리아인이라고 보아도 그리 크게 틀린 것은 아닐 겁니다. 왜 오래 믿은 이들은 감사를 제대로 표현 못할까요?

믿음의 첫 감격을 회복하여, 순전한 심령으로 주님의 은혜에 대해 감사하십시오. 당연한 듯이 대하지 말고, 순수한 심령으로 주님의 은혜를 바라보며, 큰 감격 속에 큰 감사, 그리고 더 큰 은총을 누리는 이들이 됩시다.

☛ **내게 주신 은혜 나누기**

✍ 정말 감사를 아십니까? 그러면 그 감사를 표하십시오. 하나님께! 그리고 남편에게, 아내에게, 자녀에게 감사를 느낀다면 표하십시오. 구역장, 셀리더에게는 어떻습니까? 아니 내 영혼의 목자, 목사님은 어떻습니까?

7월-27과

서로 받아들여라

*** 찬 송 : 220장, 221장**

초대 교회에서 가장 인상적인 교회를 꼽으라고 하면 서슴없이 로마 교회를 꼽습니다. 로마 교회는 누가 전도하여 세웠는지 모를 정도임에도, 가장 모범적으로 성장한 그런 교회입니다. 초대 교회 역사에 아주 중요한 영향을 끼치며 성장하였는데, 그러한 훌륭한 교회에도 문제가 있었습니다.

사실, 세상에 문제없는 교회는 없습니다. 교회의 완성체, 하늘나라에 있는 그리스도의 몸 그 자체인 교회만이 문제가 없지, 이 땅의 교회들은 모두 문제가 있습니다. 완성되지 못한 사람들이 이룬 교회라 완성되지 못한 교회의 문제성들을 그대로 간직하고 있습니다.

어떤 이가 교회를 옮기겠다고 했습니다. "이 교회는 문제가 많아서 문제가 없는 완벽한 교회를 찾아 가겠습니다." 그러자 목사님이 그러셨답니다. "그런 완벽한 교회를 찾거들랑 당신은 그 교회에 가지 마십시오. 완벽한 교회에서 당신은 얼마나 외롭겠습니까."

모든 교회는 문제가 있습니다. 다만 그 문제들을 어떻게 처리하고, 해결하느냐 하는 것이 교회의 바른 자세입니다. 성경의 교회들은 어떻게 처리했을까요? 말씀에 순종하여, 그리스도의 정신으로 해결하려 하였습니다. 세속적인 권모술수와 경영 방식, 합리성으로 해결한 것이

아니라 철저한 주의 말씀과 그 정신, 사랑으로 해결하였습니다. 로마 교회가 그 본입니다.

1. 오늘 본문으로 로마서 14:1-15:7을 묵상합시다.

2. 로마 교회 내의 문제 : 두 그룹의 갈등

- 교인들 간의 갈등으로, 이른바 믿음이 약한 자와 강한 자 사이의 갈등이었습니다.

1) 오직 채소만 먹는 이들은 믿음이 강한 그룹인가, 약한 그룹인가?

2) 특별한 날들을 지정하여 기념하는 이들과 모든 날이 다 똑같다는 이들, 누가 더 믿음이 강한 그룹인가?

-> 요약하면 약한 자는 규례와 규칙으로 온통 감싸인 자이고, 강한 자는 예수 그리스도 안에서 구약 율법으로부터 자유함을 얻은 자였습니다.

이러한 갈등의 결과, 약한 자들은 강한 신자들을 심판하였고, 강한 자들은 약한 신자들을 멸시하였습니다. 그리하여 서로 비난하고 심판하고, 나무라고, 업신여기곤 하였습니다.

3. 해결책 : 서로 받아들여라!

첫째 이유 - 하나님께서 우리를 받아 들이셨습니다.(3)

하나님이 받으셨는데, 우리가 판단할 이유가 어디 있습니까? 하나님께서 허락하셔서 그렇게 한다는데, 우리가 시비 걸 이유가 어디 있습니까? 아버지 하나님께서 우리 모두를 그대로 받아들이셨습니다. 그러므로 우리는 서로 다른 것을 이유로 서로 비난하고 내쫓고, 거절할 수 없습니다.

둘째 이유 - 하나님께서 우리를 보존하십니다.(4)

하나님께서 필요하셔서 각양각색의 다른 이들을 부르시고, 그리고 각자를 그대로 보존하십니다. 그러니 내가 "너 안 되겠다. 너 넘어지겠다, 너 망하겠다"하며 판단하고 배척할 이유가 없습니다. 주님께서 그 사람도 보존하시고 지키시기 때문입니다.

셋째 이유 - 예수 그리스도가 주가 되시기 때문입니다.(6-8)

이 구절에서 '주님'이란 말이 8번이나 나옵니다. 우리는 서로에게 군림할 수 없습니다. 왜? 오직 예수님만이 우리의 주인 되시기 때문이요, 각양각색의 삶을 살아도 우리는 모두 주님을 위해 살기 때문입니다.

넷째 이유 - 예수님이 마침내 심판주가 되시고, 그 앞에 우리는 서로 다 다르게 산 것에 대하여 고하여야 할 때가 있기 때문입니다.(10-12)

내가 이해할 수 없었던 다른 이들의 각양각색의 삶은 그들이 각자 주님 앞에 직고해야 할 때가 이르고, 그에 대하여 주님께서 판단하실 것입니다. 다만 우리는 이 땅에서의 삶은 서로가 다름을 인정하고 받아 들여야 합니다.

4. "그러므로 그리스도께서 우리를 받아 하나님께 영광을 돌리심과 같이 너희도 서로 받으라!"(15:7)

우리는 서로 다른 것을 받아주어야 합니다. 더구나, 이러한 차이들은 교리 문제가 아니라 생활, 습관의 차이들일 뿐입니다.

우리가 서로 사랑함에 있어서 서로의 생활, 습관의 차이점들은 비난과 비판의 대상이 아닙니다. 그것들은 우리들이 서로 받아 주어야 할 것들입니다. 왜냐하면 적어도 진실한 그리스도인이라면 누구든, 어떤 생활을 하던 그리스도의 영광을 위해 살 것이기 때문입니다. 서로의 차이를 받아 주는 사랑이 우리 교회 안에, 우리 구역 안에 충만하기를 소망합니다.

☛ 내게 주신 은혜 나누기

믿음이 좋은 자와 믿음이 약한 자 사이에 문제가 발생했다면, 누가 누구를 받아주어야 합니까? 나는 정말 그런 마음으로 교우들을 대합니까?

7월-28과

서로 짐을 져주라

*** 찬 송 : 216장, 218장**

1. 오늘 본문은 갈라디아서 6:1-5입니다. 묵상합시다.

2. 오늘 말씀에 서로 상반되는 말씀이 보입니다. 뭘까요?

1) '바레'(bare) - 무거운 짐. 교회에서 함께 나누어 져야 할 짐은 무엇일까요? 함께 져 주면 훨씬 수월하고, 기분 좋고, 괜히 신이 나는 그런 짐은 무엇일까요? 내가 목사님의 짐을 져 줄 수 있는 게 무엇일까요? 구역장님의 짐을 져 줄 수 있는 것은 또 무엇일까요?(함께 말해 볼까요?)

2) '포르티온'(phortion) - 가벼운 짐. 내가 감당해야 할 짐은 뭘까요? 누가 뭐라 해도 좋은 교회, 건강한 교회를 만들기 위해 내가 반드시 져야 할 짐은 무엇일까요?

3. 그런데 오늘 본문에 나타난 짐을 서로 지라는 것은 이런 경우보다도 특별히 죄 지은 형제를 회복시키는 과정에서 나타나는 짐을 의미합니다. 즉 영적 회복을 위해 실수한 이를 서로 도우라는

뜻입니다. 이 영적 회복을 위한 짐을 서로 짊에 2가지 교훈이 오늘 말씀에 있다.

1) 바로 잡아 주라고 합니다.

"형제들아 사람이 만일 무슨 범죄한 일이 드러나거든 신령한 너희는 온유한 심령으로 그러한 자를 바로잡고 너 자신을 살펴보아 너도 시험을 받을까 두려워하라"

'바로 잡는다'는 단어는 본래 의학 용어로, 부러진 뼈를 맞춘다는 뜻입니다. 그러므로 죄를 짓는 것은 뭔가 하면, 탈골 상태, 뼈가 부러진 상태를 말합니다. 그런데 누구의 뼈가 부러진 것입니까?

그리스도의 뼈입니다. 그리스도인들은 그리스도의 몸의 지체입니다. 그러므로 죄를 범하는 그리스도인들은 그리스도의 뼈를 부러뜨린 것입니다. 얼마나 고통이 크겠습니까?

죄 짓는 것을 가볍게 여기지 마십시오. 그 죄로 인하여 그리스도께서 고통을 느끼고, 성령께서 우리 안에서 근심한다고 성경은 말합니다.

그런데 실지로 죄를 지은 이가 있습니다. 어떻게 해야 할까요? 그 부러진 뼈를 맞추어야 합니다. 그냥 내버려 두면 그 지체는, 아니 그리스도의 몸은 불구가 되고 맙니다. '네 죄로 그랬으니, 네가 해결해라' 할 수 있는 것이 아닙니다. 죄를 지은 것은 밉지만, 그러나 그는 우리의 지체입니다. 내버려 두면 결국 우리 손해입니다. 팔이 부러진 상태, 발이 부러진 상태에선 우린 아무 일도 못합니다. 혹시 우리 교회 안에 이런 죄를 지어 침체된 이가 있다면 우리는 그를 회복시키기 위해 힘써야 합니다. 그러기에 죄를 지은 이를 회복시키기 위해 우리는 함께 짐을 져야 합니다.

2) 왜 그리해야 합니까?
"너희가 짐을 서로 지라 그리하여 그리스도의 법을 성취하라!"

그리스도의 법을 이루기 위해서입니다! 그리스도의 법이 뭡니까? **"새 계명을 너희에게 주노니 서로 사랑하라!"** 사랑의 법을 이루기 위해 우리는 짐을 서로 져야 합니다.

우리는 법이 무서워서, 법 때문에 짐을 서로 져 사람을 회복시키는 것이 아닙니다. 우리는 사랑 때문에 그러는 것일 뿐입니다. 율법주의자들은 사람들을 회복시키는 것에 관하여 별로 아는 것이 없습니다. 율법주의자는 그 누구도 회복시킬 사랑이 없습니다. 법대로인 사람은 회복에는 관심이 없습니다. 그러나 우리에겐 사랑 때문에 처벌 보다 회복이 더 중요합니다.

그러기에 우리는 죄 지은 사람이, 실족한 사람이 제대로 서게 하기 위해 서로의 짐을 져주어야 합니다. 혹시, 실족하여 실의에 있는 교우가 있다면, 그 회복을 위하여 짐을 서로 집시다.

4. 우리의 마음에는 묘한 것이 하나 있습니다. 남이 실족하거나, 죄를 지으면 겉으론 "에구 안됐다"하면서도 속으로는 내심 쾌감

을 느끼는 그런 마음이 있습니다. 남이 넘어짐으로 자신이 올라가는 것을 좋아하는 마음이 있습니다.

그래서 기회가 있을 때마다 "이런 얘기 자꾸 해서는 안 되지만, 그 사람을 욕되게 하려고 하는 말은 아닌데, 이것은 깎아내리려고 하는 말은 아니고, ..."하면서 자꾸 그 이야기를 끄집어냅니다. 그러면서 자신은 안 그런 것에 대하여 자부심을 가집니다.

이것은 조금 검어진 사람을 아예 검게 더 칠해 버리는, 그리곤 자기의 누리끼리한 모습을 마치 흰 것처럼 내보이려고 하는 가련하면서도 얄팍한 심리상태입니다. 성도다운 모습이 아닙니다.

우리는 서로 사랑하며 살되, 혹 실족하는 자, 범죄 하는 이가 나타나거든, 온유한 심령으로 함께 아파하며, 바로 잡아주도록 하며, 온전히 회복되도록 함께 짐을 나누어집시다. 내버려 두고, 네 죄 값이니 네가 당해라 하지 말고, 서로 자기의 짐은 자기가 지되, 지지 못해 허덕이는 사람의 죄는 함께 지는 가운데, 그리스도의 사랑의 법을 성취하는 서로 사랑하는 교회가 됩시다.

☛ **내게 주신 은혜 나누기**

7월-29과

서로 대접하라

*** 찬 송 : 89장, 220장**

1. 오늘 본문은 베드로전서 4:7-10입니다.

2. 대접하는 것을 말하면 많은 이들이 대뜸, 성격이 좋아야, 재물이 있어야 하는 것이라고 생각합니다. 본래 대접하기를 좋아하고, 또 물질도 있어야 하는 것이라고 여기는 것입니다. 그래서 대접해야 한다고 하면, 돈이 있어야지 하며 부정적으로 말하는 이들이 있습니다.

1) 그러나 오늘 본문은 대접은 하나님의 은사라고 합니다. **"서로 대접하기를 원망 없이 하고, 각각 은사를 받은 대로 하나님의 여러 가지 은혜를 맡은 선한 청지기 같이 서로 봉사하라"** 대접하는 것은 은사입니다. 그러기에 어떤 이는 없는 가운데서도 어쩌면 그렇게 성도들 섬기기를 잘하고, 대접하는 것을 즐기는지 모릅니다. 대접의 은사를 달라고 기도하십시오.

2) 그러나 이 대접은 하나님께서 **우리에게 주신 사명**이기도 합니다.

이것이 얼마나 중요한 사역인가 하면, 디모데 전서 3장에 나타난 감독, 혹은 목사, 그리고 장로의 자격 중에도 이런 것이 있습니다. 디모데전서 3:2을 찾아 읽어봅시다. 뭐라고 나와 있습니까?

나그네 대접하기를 잘해야 합니다. 나그네란 어려운 성도들을 의미합니다. 목사나 장로나, 교회 지도자들은 대접하는 것이 필수입니다. 대접만 받으려고 하는 것은 성경이 말하는 지도자의 모습은 아닙니다.

3) 그러나 이것은 지도자에게만 주어진 사명이 아닙니다. 롬 12:13에 보면 모든 일반 성도들에게도 이런 사명이 주어져 있습니다. 찾아 읽어봅시다.

4) 특별히 나그네를 후히 대접하라는 표현은 나그네를 후히 대접하는 일이 습관이 되게 하라는 뜻입니다. 한번하고 마는 것이 아니라, 습관이 되도록 하라는 것입니다. 대접을 안 하던 사람이 어쩌다가 한번 하려면 어색하고, 부담스럽습니다. 그러나 그것이 습관화 된 사람은 어렵지 않습니다.

스스로 물어봅시다. 자신은 대접 하는 게 어색하지 않은가? 그것은 그 동안 자신이 남을 대접하며 살지 않았기에 그럴 것입니다.

3. 이렇게 남을 대접하는 것이 습관화 된 사람은 놀라운 일을 경험하게 됩니다. 히브리서 13:2을 보십시오. 이 말씀은 누구를 두고 하는 말일까요?

아브라함입니다. 아브라함은 창세기 18장에 보면, 쉬고 있는데, 세 낯선 사람이 길을 따라 내려오는 것을 보고, 그들을 집으로 영접하여 대접하였는데, 그들이 바로 천사 2명과 예수님이셨습니다.

그러면 아브라함은 그들이 천사요 예수님인 것을 알고 대접하였을까요? 아브라함은 그들이 천사인 줄 몰랐습니다. 히브리서가 설명하듯이 그냥 나그네로 보았습니다. 다만 그 나그네들이 너무 피곤해 보여, 자신의 집으로 영접하였고, 대접한 것입니다. 그리고 대접하다 보니, 그들이 천사요 예수님인 것을 알았을 뿐입니다.

천사(天使)란 단어는 사자(使者)란 단어입니다. 하나님이 보낸 존재입니다. 여러분은 하나님이 자기 자신의 집으로 사자를 보낼 때 어떤 모습일 것이라고 생각하십니까? 영광스러운 모습으로 방문하는 이들일까요? 어쩌면 여러분의 도움을 필요로 찾아오는 이들이 하나님께서 보낸 사자들일 것입니다. "김 집사네 가 보라. 그가 도와 줄 것이다." "이 집사 집으로 가서 이 집사를 만나라. 그가 너의 어려움을 살펴 줄 것이다"하여 보낸 하나님의 사자들이 바로 그들입니다.

4. 하나님께서 우리에게 양식을 주시고, 물질을 주시는 이유가 뭡니까? 내 한 목숨 잘 먹고 잘 살다 오라는 것이 아닙니다. 사실 내 한 목숨 먹고 살기에는 하나님께서 나에게 주신 것이 너무 많습니다. 그렇지 않습니까? 생각해 보십시오. 정말 나 혼자 살기에는 한 두 평이면 되고, 돈 몇 푼이면 됩니다. 그럼에도 그보다 넘치게 주신 것들, 왜 그러셨을까요?

남에게, 어려운 이에게 나누어 주라는 것, 그것도 하나님을 대신하여 나눠주고, 도와주다가 오라고 주신 것입니다. 그러므로 나는 청지기입니다. 하나님께서 적절히 나눠 주라고 나에게 주신 돈, 물질, 건강의 관리자입니다.

하나님은 우리가 물질에 대해서 이렇게 살기를 원하십니다. 눌려서 사는 것이 아니라, 그것을 적절히 사용하며, 주의 뜻대로 쓰며 살기를 원하십니다. 그러기에 **"하나님의 각양 은혜를 맡은 선한 청지기 같이 서로 봉사하라"**고 하십니다.

5. 오늘 본문은 이렇게 말합니다. "서로 대접하기를 원망 없이 하고" 이 말씀을 공동 번역 성경으로 보면 이렇습니다. **"귀찮게 생각하지 말고 서로 극진히 대접하십시오."** 왜? 그것이 내가 복 받는 길이기 때문입니다.

서로 사랑하며 삽시다. 그 가운데 서로 대접하기를 즐기는 사랑을 합시다. 내 것 내가 벌어서 내 먹고 산다는 사람은 하루 세 끼로 족할 것입니다. 그러나 주님의 큰 복을 받기 원한다면 여러분, 서로 대접하며 삽시다. 우리가 서로 대접하는 가운데 우리 교회와 교우들의 가정에 큰 축복이 넘칠 것입니다.

☛ 내게 주신 은혜 나누기

7월-30과

서로 용서하라

*** 찬 송 : 62장, 135장**

1. **우리가 서로 사랑함에 있어서 빼놓을 수 없는 행위 한 가지는 용서입니다.** 누구든지 서로에게 완벽하다면 좋겠지만, 살다 보면 그렇지 못한 경우가 허다합니다. 본의 아니게 서로에게 상처를 주는 경우가 많습니다. 더욱이 어른들은 이런 상처를 받았을 때 굉장히 심각합니다. 아이들은 친구에게 상처를 받으면, 그 날로 달려가 따지고, 잘잘못을 가리거나, 한 바탕 싸우고 난 후에는 서로의 상처를 없애는데, 어른들은 그렇지 않습니다.

여러분은 상처를 받았을 때, 어떻게 합니까? 가서 따집니까, 아니면?

혹시 누군가에게 상처를 받았다면, 용기를 내어 그 사람을 찾아가 진실되게 말하십시오. 그리하면 많은 경우, 상대방이 모르고 그랬을 것입니다. 그런 의도가 아니었는데, 내가 일방적으로 그렇게 생각하는 경우가 많습니다. 만나서 서로 말하다 보면 그런 것들은 다 풀리게 되고, 또 용서해야겠다는 마음이 생깁니다. 이럴 때 필요한 것이 용기입니다. 용서는 용기가 따라가야 합니다.

상담을 하는 이들의 말에 의하면, 육체적으로 질병을 앓고 있는 이들은 대부분이 마음속에 원한이나, 용서하지 못하는 분함들을 갖고 있다고 합니다. 그래서 이런 맺힌 것들을 풀어주면 육체적 조건들도 매우 좋아진다고 합니다. 스스로 푸십시오. 용서하십시오. 그것이 실은 자신을 위한 길입니다.

2. 그런데 혹 내가 겉으론 용서한다고 하면서도 용서하지 못하는 경우가 있다면 어떤 경우일까요? 오늘 성경에 용서하지 못하는 정신의 증거들이 몇 가지 나옵니다. 에베소서 4:29-32을 묵상합시다.

첫 번째가 남을 해치는 말입니다.(29)

여기서 더러운 말은 남을 해치는 말을 의미합니다. 용서했다고 하면서 계속 그 사람에게 대하여 부정적으로 말하는 것, 은근히 좋지 않게 말하는 것은 용서한 것이 아닙니다.

도리어 진정 용서했다면 덕을 세우는 말을 자주 하게 됩니다. 그 사람에 대하여 좋은 말을 많이 하여 듣는 사람들이 다 은혜를 받습니다. 서로 사이가 좋지 않은 것을 모두가 아는데, 도리어 상대방에 대하여 좋은 말을 많이 해 준다면 사람들은 은혜를 받습니다. 남을 해치는 말을 자주 하는 이는 속으론 용서가 없는 사람입니다.

둘째로, 내적인 감정들이 나열되고 있습니다.(31)

악독, 가혹하고 독기 있어 남을 해치는 마음씨. 노함, 격발하는 일시적인 노여움. 분냄, 마음 안에 자리 잡고 있는 영속하는 노여움. 떠드는 것, 노여움이 밖으로 발표된 것으로 격정의 부르짖음. 비방, 떠드는 것의 결과로서 악의로서 상대를 비난하는 것. 악의, 남을 해치는 마음으로, 지금까지 열거한 악덕들의 근원.

용서했다고 하면서도 여전히 누군가를 향하여 이런 마음들이 있다면 그것은 용서한 것이 아닙니다.

3. 도리어 성경은 이렇게 말합니다. "서로 친절하게 하며 불쌍히 여기며 서로 용서하기를 하나님이 그리스도 안에서 너희를 용서하심과 같이 하라"

서로 친절하게! 냉정한 모습이 우리에게 어울리는 모습 아닙니다. 쌀쌀하고 무정한 모습이 우리의 모습 아닙니다.

그리고 서로를 불쌍히! 우리가 서로를 불쌍히만 여긴다면 이 세상은 얼마든지 용서의 물결 속에 평화가 정착될 수 있습니다.

더욱이 하나님이 그리스도 안에서 우리를 용서하심과 같이 용서하라는데, 우리가 서로 용서 못할 이가 어디 있겠습니까? 주님께서 이 정도로 용서를 말씀하시는데, 그럼에도 불구하고 용서를 하지 않는다면? 그에겐 아픔이 있을 것입니다. 어떤 아픔일까요?

4. 생각해 보십시오.

내가 누군가를 용서하지 않았습니다. 늘 그를 바라볼 때마다 이를 갑니다. 그를 생각만 해도 분이 솟습니다. 주는 것 없이 밉고, 목소리만 들려도 닭살이 돋습니다. 아침에 그를 만나면 하루

종일 기분이 안 좋습니다. 그와 이름이라도 비슷한 이를 만나면 역시 기분이 별로입니다.

이 정도로 내가 누군가를 미워하고 용서하지 않습니다. 그렇다면 내가 용서하지 않는 이것이 그에게 어떤 작용을 합니까? 어떤 영향을 끼칩니까? 아무런 것도 없습니다. 다만 이런 용서하지 못하는, 미워하는 감정은 누구에게 영향을 끼칩니까? 바로 나 자신에게 입니다. 그런 무서운 독을 품고 있는 내가 결국 무너지고 맙니다.

미움 보다 무서운 독이 어디 있습니까? 그런데 이 무서운 독을 내가 오래 품고 있다면 썩어지고, 무너지는 것은 상대방이 아니라 바로 나 자신입니다. 더군다나 그것은 주님이 원하시는 것이 아닙니다.

서로 사랑하며 살기를 원하는 여러분, 서로 용서하며 삽시다. 죽어도 용서할 수 없어 하는 이는 말 그대로 자기가 먼저 죽을지도 모른다는 사실을 명심하십시오. 용서 많이 하는 가운데 많은 주님의 용서와 사랑을 듬뿍 받기를 바랍니다.

☛ 내게 주신 은혜 나누기

8월-31과

이것을 알고 행하면

*** 찬 송 : 86장, 212장**

우리 그리스도인의 얼굴은 사랑입니다. 우리에게서 사랑을 빼면 뭐가 있습니까? 그러기에 성경에도 '사랑'이란 단어만 556회가 나오고, 그와 유사한 뜻의 단어는 수도 없이 많습니다.

그런데 이 사실을 아십니까? 성경에 나타난 사랑이란 단어 대부분이 동사(動詞)라는 사실. 동사, 뭔가 행하는 것입니다. 사랑은 가만있는 것이 아닙니다. 성경이 말하는 사랑은 어떤 구체적인 행위가 뒤따릅니다.

우리가 서로 사랑한다면 우리에겐 어떤 행위가 필요합니다. 행위가 따르지 않는 사랑, 그건 아이들의 마음속에나 그려지는 철부지 사랑입니다.

1. **사랑의 주님, 우리 예수님은 늘 행동이 수반된 사랑을 몸소 보여주셨습니다.** 요한복음 13:1-15을 묵상해 봅시다.

2. **예수님께선 오늘 말씀에서 목욕과 씻음이 있음을 구분하셨습니다.** 목욕이란 전신을 씻는 것으로 영적인 의미에서 죄에서 완전

씻김 받은, 구원받은 정결한 상태를 말합니다. 그런데 씻음이란 부분적인 것을 의미합니다.

이미 목욕한 사람에게 왜 씻음이 필요합니까?

유대인들은 샌들을 신고 다녔습니다. 그러기에 아무리 깨끗이 씻고 나간다 하더라도 조금이라도 걷고 집에 돌아오면 발은 시커멀 수밖에 없었습니다. 아무리 조심을 하여도 발은 더러워졌습니다. 그러기에 유대인들은 집에 돌아오면 제일 먼저 하는 것이 종이 더러워진 자기 발을 깨끗이 씻기도록 하는 것이었습니다.

3. **예수님이 바로 이 일을 하셨습니다.** 추해진 제자들의 발을, 부득이 세상에서 살려면 어쩔 수 없이 묻을 수밖에 없는 더러움들을 아무 말 없이 깨끗이 씻겨 주셨습니다. 그 추해진 발들을 고발하고, 지적하고, 드러내는 것이 아니라 그냥 씻어 주셨습니다!

우리도 예수님의 보혈로 구원받았으나, 세상에 나가 살다보면 부득이 더러움이 묻을 수밖에 없습니다. 안 묻으면 좋겠지만, 안 묻는다는 것 자체가 어불성설이요, 병자나 다름이 없을 정도입니다. 그런데 어떤 이는 이런 성도를 보고, 고발하고, 지적하고, 소문내고, 심지어 핍박합니다. 예수님은 아무 말 없이 발의 때를, 부득이 세상에서 살려면 할 수 없이 묻는 그 때를 씻어 주셨는데, 우리들은 도리어 떠들어댄다? 아닙니다. 그렇게 해서는 안 됩니다. 세상에 나가 살다보면 할 수 없이 묻는 더러움들을 서로 들추어내고 떠들어선 안 됩니다. **“내가 너희에게 행한**

것 같이 너희도 행하게 하려 하여 본을 보였노라"(15) 어떻게 하라는 겁니까?

4. 그러면 발을 씻겨 준다는 것은 곧 자신이 무엇이 된다는 뜻입니까?

신앙의 세계에선 서로 종이 되는 것을 주저하지도 두려워하지도 않습니다. 그것은 위대한 힘입니다. 세상에선 이렇게 묻습니다. "당신은 얼마나 높습니까? 당신의 직위는 무엇입니까?" 그런데 우리 주님은 이렇게 묻습니다. "당신은 얼마나 낮습니까? 당신은 다른 사람의 발을 씻어줄 수 있습니까?" 종이 되십시오. 그것이 신앙의 위대한 힘이요, 거기에 놀라운 축복이 숨어 있습니다.

5. 3절 앞부분을 보면 "저녁 먹는 중 예수는 아버지께서 모든 것을 자기 손에 맡기신 것과"라고 되어 있습니다. 즉 예수님은 하나님께서 세상의 모든 권세를 자기 손에 맡기신 것을 아셨다는 것입니다. 그런데 곧 바로 뒤이어 4절에는 **"저녁 잡수시던 자리에서 일어나 겉옷을 벗고 수건을 가져다가 허리에 두르시고"** 종으로 할 일을 하시기 시작했다는 것입니다.

생각해 보십시오. 만약 내가, 하나님께서 나에게 세상 권세를 다 주셨고, 만사를 나에게 맡기시고, 굴복케 하셨다면, 나는 무엇부터 당장에 할까요? 청와대부터 들어갔을 것입니다.

그런데 세상 모든 권세를 자기에게 맡기셨음을 안 바로 그 순간에 예수님은 무엇을 하셨습니까? 겉옷을 벗고, 수건을 허리에 두르시고, ... 종이 되셨습니다.

6. **힘이 없어서 종이 되는 것이 아닙니다.** 사랑하기 때문에! 우리에게 서로 사랑하라고 가르치기 위해서! 사랑의 힘은 위대합니다. 사랑은 기꺼이 상대방의 종이 되도록 합니다.

이렇게 서로 종이 되어 발을 씻겨 줄 때 무엇이 주어지는 줄 아십니까? 17절, **"너희가 이것을 알고 행하면 복이 있으리라"** 오늘 남편에게, 아내에게 한번 말해 보십시오. "나는 당신의 종입니다" 그리고 시간이 좀 있으면 발을 씻겨 주십시오. 좀 어색하고 웃음도 나지만, 속에서는 전에 느껴보지 못했던 그 기쁨과 사랑, 행복이 샘솟듯 올라올 것입니다.

사랑하는 여러분, 우리 서로 발을 씻겨 주는 사랑을 합시다. 사노라고 묻어지는 더러움을 고발하지 말고, 힘이 있고, 권세 명예가 있다고 서로 군림하려 말고, 서로 종이 되어 서로의 발을 씻겨줍시다. 거기에 큰 행복이, 사랑이 깃들 것입니다. **"너희가 이것을 알고 행하면 복이 있으리라!"**

☛ **내게 주신 은혜 나누기**

✎ **여름 휴가 기간에 사랑하는 이의 발을 씻겨 봅시다. 예수님의 마음이 생각날 겁니다.**

그리 살자

내 마음 안에
이쁜 마음이 있으면
모든 게 이쁘게 보인다.

내 마음 안에
미운 마음이 있으면
모든 게 밉게만 보인다.

참으로 애들같은 말인데
이 말이 진리다.
모든 게 그러하다.

그러니 내 마음이
제일 큰 문제인데
마음을 다스리기가 쉽지 않다.

마음은 왜 이리
감정에 휘둘리는지
생각 같지 않고 제 멋대로다.

마음이 청결한 자는
하나님을 본다고 했는데
아마 그런 이치인가 보다.

마음이 고우면
모든 게 곱고
곱고 고운 그 분을 뵐 수 있다.

그런데
마음이 불편하니
그 분조차 뵙기 불편하다.

마음,
그래서 성경은
'예수의 마음'을 품으라 했구나.

내 마음 보다
예수의 마음으로
아니 그리스도의 심장으로!

그리 살자
나는 죽이고
그 분의 마음으로 그리 살자.

8월-32과

이런 나라는 화가 있습니다.

＊ 찬 송 : 80장, 84장

세계사를 배울 때 선생님들은 언제나 그랬습니다. 건강한 정신과 종교가 있는 국가가 세계를 지배한다고. 그런데 일본의 정신과 종교는 그리 건강하지도, 건전하지도 않은 것 같은데 세계를 지배할 정도로 경제 강국이 되었습니다. 그들은 많은 이웃 나라들에게 많은 고통을 주고도 여전히 회개할 줄 모릅니다. 그들의 정신세계는 귀신들 천지입니다. 그런데 어째서 그들은 여전히 잘 사는 걸까요? 물론 일본이 망하기를 원해서 그러는 것은 아닙니다. 우리가 배운 진실에 의해, 의구심이 생기는 것뿐입니다.

1. **이런 의구심을 똑같이 가진 사람이 선지자 하박국입니다.** 하박국이 살던 시대는 악한 자들이 잘 살고, 정직한 자들이 못 사는 그런 그릇된 세상이었습니다. 그래서 하박국은 하나님께 따졌습니다. 이럴 수가 있습니까? 그랬더니 하나님께서 하박국에게 알려주시기를, 바벨론을 준비시켜 때가 되면 그들로 불의한 이스라엘을 심판하시겠다고 하셨습니다.

'아하, 그렇군요'라고 고개를 끄덕였으나, 곧 하박국은 다시 의문에 싸입니다. 바벨론도 사실 이스라엘과 다를 바 없는 악한 나라인데, 그게 무슨 의미가 있습니까?

이에 하나님께서는 때가 되면 바벨론도 심판하신다고 일러주시며, 오늘 본문을 주셨습니다. 하박국 2:4-20!

2. **바벨론은 강대국으로 주변의 많은 나라를 침공했고, 잔인하기로 소문이 나있는 그런 나라였습니다.** 이러한 바벨론을 향하여 그 죄목을 지정하시며 하나님께선 5가지 저주를 선언하셨습니다.

첫째로, **"화 있을진저 자기 소유 아닌 것을 모으는 자여!"**(6)

남의 나라를 침략해 들어가고, 약소국의 것들을 빼앗아 오는 자에게 선언된 저주입니다. 이는 열방 민족들에게서 정치적인 자유를 빼앗고 자신의 탐욕을 채우기 위해 타민족의 권리를 희생시킴에 대한 저주입니다.

둘째로, **"화 있을진저 재앙을 피하기 위하여 높은데 깃들이려 하며, 자기 집을 위하여 부당한 이익을 취하는 자여!"**(9)

바벨론은 노략한 재물로 나라를 견고케 하려고 높은 성을 쌓고, 많은 요새를 건설하였습니다. 옳지 못한 이익을, 재산을 취하고, 그것을 지키기 위해 계속 성을 높이 쌓아 가고, 든든한 요새를 건설합니다. 이들에게 저주가 선언되었습니다.

셋째로, **"화 있을진저 피로 성읍을 건설하며 불의로 성을 건축하는 자여!"**(12)

남의 것을 약탈해 오고선 불안하니까 스스로 자신들을 보호하기 위해 성읍과 성벽을 쌓는 모든 일들에 대한 저주!

넷째로, **"화 있을진저 이웃에게 술을 마시게 하되 자기의 분노를 더하여 그에게 취하게 하고, 그 하체를 드러내려 하는 자여!"**(17)

자기만 죄를 짓는 것이 아니라 남에게도 그런 죄를 짓도록 방조하고 취케 만드는 죄!

다섯째로, **"화 있을진저 나무에게 깨라 하며 말하지 못하는 돌에게 일어나라 하는 자여!"**

나라 전체가 우상으로 가득한 것에 대한 하나님의 저주!

3. **이러한 바벨론을 생각하면 떠오르는 나라가 있습니다.** 우리를 압제했던 일본, 그들과 바벨론은 상당히 유사한 면이 많다고 여겨집니다. 그런데 아직도 저들은 회개하지 않고 있습니다.

사실은 그게 두렵습니다. 저렇게 고집부리다가 바벨론처럼 하나님께 저주 받고 심판 받으면 어찌할 것인지 그게 이웃에 있는 우리로서는 걱정거리입니다.

성경은 분명히 말합니다. 이런 나라는 화가 있다고요! 역사적으로 우리와 떼려야 뗄 수 없는 저들인데, 좀 더 적극적으로 저들을 위해 기도해 줍시다. 저들 가운데 하나님의 의의 백성들이 더욱 더 많아지기를, 자기 민족의 양심과 회개를 위해 결사적으로 하나님께 매어달리는 일본의 교회가 더 많아지기를!

☛ **내게 주신 은혜 나누기**

일본의 교회와 그리스도인들을 위해, 그들의 성경충만을 위해, 그리고 다시는 악한 역사를 반복하지 않도록 그들의 정신 세계를 우리 하나님께서 꼭 붙잡아주시기를!

8월-33과

순진한 사람

*** 찬 송 : 79장, 85장**

"마음이 순박하고 진실한 사람"이라고 하면 좋은 말입니까, 나쁜 말입니까? 좋은 말입니다. "저 사람은 마음이 순박하고 진실해"하면 칭찬하는 좋은 말입니다.

그런데 마음이 순박하고 진실함이란 단어는 국어사전에 보면 "순진"이라고 되어 있습니다. 그래서 똑같은 내용인 '순진'이란 단어를 써서 "저 사람은 좀 순진해"하면 단순한 칭찬이 아니라 뭔가 조금 경멸하는 의미가 숨어 있습니다. 참 이상한 세상입니다.

아이들 간에도 "앤 순진해"하면 뭔가 덜 떨어진, 덜 자란 것 같은 기분이 든다고 합니다. 그래서 아이들은 누구도 순진하다는 말을 듣기 싫어합니다. 왜 그럴까요? 세상이 너무 닳고 닳아서, 세상에 적응해 살려니까 순진해선 안 되겠다 싶어 그러는 것은 아닐까요?

1. 마태복음 11:15-17을 묵상합시다.

2. 이런 추억이 있습니다. 초등학교 다닐 때 교회에서 선생님이 동화를 들려 주셨습니다. 슬픈 동화였습니다. 한 소녀가 부모를

잃고 고아가 되어서 세상 역경을 이겨 가며 부딪히는 서글픔을 내용으로 한 동화였습니다.

한참 이야기를 듣는데, 건너편에 앉아 있는 여자아이가 눈에 띄었습니다. 아 그런데 이 여자아이가 눈물을 흘리면서 이야기를 듣고 있는 것이었습니다. 순간, 그것이 우스워서 옆의 친구를 쿡쿡 찌르면서 "야, 쟤 좀 봐라, 쟤 운다 울어"하며 낄낄댔는데, 계속 그 아이를 보고 있노라니 이런 생각이 들었습니다.

"슬픈 이야기는 슬프라고 만들어지고, 들려지는 것이다. 슬픈 이야기를 들으면서 가져야 하는 아주 자연스러운 모습은 무엇일까? 함께 슬퍼하며, 눈물 흘리며, 마음 아파하는 게 당연한 게 아닐까? 그런데 슬픈 이야기를 들으면서 아무런 감동도 없다면 오히려 나 한데 문제가 있는 게 아닐까? 매운 고추를 먹으면 맵다 하고, 짠 것을 먹으면 짜다고 반응을 보이는 게 당연한데, 어째서 나는 슬픈 이야기를 들으며 반응이 없을까?"

이런 생각이 들며, 그 울고 있는 여자아이를 보니 얼마나 그 마음이 아름다운지, 슬픔을 슬픔으로 받아들일 수 있다는 것, 그 얼마나 순진한 마음, 순진한 모습이던지! (내가 좀 조숙했지요?)

3. **예수님께서도 이와 유사한 말씀을 하십니다.** 이 세대가 어떻답니까?

4. **교회 공동체, 예수 마을은 이런 면이 있어야 합니다.** 누군가가 피리를 불면 다른 이들은 어떤 반응을 보여야 합니까? 슬피 곡을 누군가가 하면 우리들은?

5. **그런데 어떤 이는 그런 데에, 그런 감정에 휩쓸리지 않겠다고 일부러 독한(?) 마음을 갖습니다.** 그게 이성적이라고 생각합니다. 그럴 필요가 있습니까? 슬픈 영화를 보면 슬퍼하고, 축제에 가서는 기뻐하는 게 옳은 겁니다.

6. **말라기 1장을 보면, 하나님께서 이스라엘 백성들을 향해 '내가 너희를 사랑한다'하였더니 그들은 대뜸 '어떻게 사랑했단 말입니까?'하고 고개를 뻣뻣이 듭니다.** 순진하지 않습니다. 계산이 복잡합니다. 이런 사람, 사람도 싫어하지만 하나님도 별로 이십니다.

7. **예수님께서 천국 가는 이들은 누구와 같아야 한다고 말씀하셨습니까?(마 18:3)**

8. **이런 신앙을 가지십시오. 순진한 신앙, 순진한 마음을 가지십시오. 거기에 놀라운 은총과 역사가 있습니다.** 하나님의 계획에 발을 맞춥시다. 고장난명(孤掌難鳴)! 양손이 부딪힘으로 소리가 납니다. 하나님께서 뭔가 하시기 위해 우리를 부르시고, 우리에게 말씀하시는데 그것을 순수하게 받아들이지도 못하고, 왜곡하고, 뭔가 있는 것이 아닌가 하여 색안경을 끼고, 자기중심적으로만 이해하고, 반응한다면 하나님의 사랑은 짝사랑이 되고 말며, 그 소리 역시 우리의 순수하지 못함으로 맑은 소리를 내지 못합니다.

양 손바닥이 부딪혀야 소리가 납니다. 그런데 소리가 가장 잘 나기 위해선 양 손바닥에 아무 것도 없어야 합니다. 손바닥만이 부딪혀야지, 종이라도 한 장 끼어 있으면 소리가 맑지 않습니다. 주님의 뜻에, 계획에 그저 순수하게 우리가 반응을 보이고, 순종해야 교회의 소리는 가장 맑고 순수한 소리를 내지, 그렇지 못하고 자기의 욕망, 자기의 견해, 자기의 경험, 자기의 자존심을 끼어서 소리를 내려면 탁한 소리밖에 내지 못합니다.

주님께는 똑똑한 사람이 필요한 것이 아니라 순진한 사람이 필요한 것입니다. 순진한 사람, 모자라는 사람이 아닙니다. 용기 있는 사람이요 하나님의 나라를 유업으로 받을 수 있는 사람입니다.

☛ **내게 주신 은혜 나누기**

✎ **우리 구역에서 가장 순진한 사람이 누굴까요? 그를 축복합시다.**

8월-34과

불쌍히 여기소서.

＊ 찬 송 : 279장, 369장

혹 이런 경험은 없으십니까? 문제가 생겨서, 아픔과 고통으로 주님께 기도하러 나왔는데, 도대체 뭐부터 기도해야 좋을지... , 너무 아파서, 너무 복잡해서 어디서부터 기도를 해야 할지... , 조목조목 기도해야겠는데 어찌할 바를 몰라 당황스러운 경험, 없습니까?

죄로 인하여 주님께 기도하려는데, 지은 죄가 너무 기가 막혀 무엇부터 회개해야 할지, ... 그래서 그저 앉아만 있다가, 눈물만 뿌리다가 일어난 경험, 없습니까?

누가복음 18장에 보면 세리가 하나님께 기도하러 성전에 들어가 남은 청산유수같이 술술술술 잘도 기도하는데 자신은 감히 눈을 들어 하늘을 우러러보지도 못하고 오직 가슴을 치며 '하나님이여 불쌍히 여기옵소서, 나는 죄인이로소이다'하는 그런 경험, 없습니까?

죄, 아픔, 문제도 작을 때 조목조목 기도가 나오지, 그 고통과 괴로움이 너무 클 때는 기도한다면서도 할 말을 잃습니다. 다만 할 수 있는 한 마디, "주여 나를 불쌍히 여기시옵소서!" 다른 기도가 나오질 않습니다.

1. 오늘 본문, 마태복음 15:21-28을 묵상합시다.

2. 이 내용은 우리들이 이미 다 잘 압니다. 그러면 오늘 본문이 우리들에게 하고자 하는 말씀은 뭡니까?

첫째, 하나님께서 '아니다'(NO!) 라는 응답을 구체적으로 하시기 전까지는 무응답이라고 NO! 가 아닙니다!

- 주님의 침묵엔 이유가 있고, 그 이유는 대개의 경우 나를 위한 것입니다. 나의 믿음을 키우기 위한 것입니다. 즉각 즉각 응답하시는 경우도 있지만, 주님께서 우리의 믿음이 더욱 성장키 원하신다면 우리의 기도에 즉각 응답하지 않으십니다. 문제를 놓고 기도하고 기도하고 기도하게 만듭니다. 그것은 대개 나 자신을 위해서입니다. 이유는 나중에 알게 됩니다.

둘째, 우리가 주님 앞에 나아가는데 필요한 것, 주님의 도우심을 얻는데 있어야 할 것은 믿음과 겸손과 인내입니다.

- 그녀는 사람들 앞에서 세상 말로 '개망신'을 당했습니다. 보통 사람 같으면 화가 나서 돌아설만한데 그녀는 돌아서지 않습니다. 아픈 상처를 안고 자존심을 살리며 돌아서기보다는 자존심을 죽이며 주님께 한 걸음 더 나아갑니다.

하나님 앞에 자존심 버리고 무릎을 꿇을 때, 주님 앞에 겸손할 때, 주님을 진정 두려워할 때 어떤 일이 일어나는지 아십니까? 찾아보십시오. 약 4:10, 벧전5:6!

셋째로, 예수님은 왜 그토록 여인에게 냉정하게 구셨을까요? 여인의 믿음을 시험하려고? 아닙니다. 이미 예수님은 여인 안에 믿음이 있고, 그 믿음이 너무 아름답고, 순수한 믿음인 것을 아셨습니다. 다만 그것을 끄집어내기 위하여, 여인의 믿음을 모든 사람에게 입증하려고, 공식화하기 위해 그러셨습니다.

- 만약 여인이 예수님의 대답을 듣고, 그대로 돌아가 버렸다면, 예수님은 무정한 분으로 남게 될 것입니다. 큰 오해를 받게 되었을 것입니다. 그럼에도 예수님이 계속 여인에게 쌀쌀하게 대한 이유는? 예수님은 이미 이 여인이 물러서지 않을 것을, 포기하지 않을 것을 알고 계셨습니다. 다만 그녀의 그 믿음이 얼마나 위대한 것인지를 온 사람들에게 보여주기 위해서입니다.

혹시 요즘 기도 중에 이런 기분이 드는 분은 없습니까? 주께서 날 무시하고 계신다고, 날 개라고 멸시하고 계시다고, 아니 아예 대답도, 응답도 안하신다고, 쳐다보지도, 귀 기울이지도 않는다고 느껴지지 않습니까?

-> **낙심하지 마십시오.** 내 큰 믿음을 공개하기 위한 예수님의 배려입니다. 그리곤 마침내 '**네 소원대로 되리라!**'하고 축복하시고 싶어서 그러시는 것입니다.

3. 그런데 본문에서 우린 한 가지 분명한 것을 배웁니다. 여인은 예수님께 나아와 다른 소리 안 합니다. 오직 **"주여, 나를 불쌍히 여겨 주옵소서!"**

주님께서 나를 불쌍히 여겨 주시면 됩니다. 이미 주님은 내 처지를 다 아시지 않습니까. 그래서 대부분 이렇게 외쳤습니다. **"주여, 나를 불쌍히 여겨 주옵소서!" "다윗의 자손이여 우리를 불쌍히 여기소서!"**(마9:27) **"주여 내 아들을 불쌍히 여기소서!"**(막17:15) **"주여 우리를 불쌍히 여기소서!"**(마20:30) **"다윗의 자손 예수여 나를 불쌍히 여기소서!"**(막10:47) **"하나님이시여 불쌍히 여기시옵소서, 나는 죄인이로소이다"**(눅18:13)

주님께서 내 인생, 내 가정, 내 직장, 내 건강, 내 자녀, 내 처지, ... 그저 나를 불쌍히 여기시면, 해결은 된 겁니다. 간절한 심령으로, 처절한 심령으로, 속에 올라오는 심령으로 '예수님, 나를 불쌍히 여기시옵소서!'라고 기도해 보십시오. 놀라운 평강이 임할 것입니다.

☛ 내게 주신 은혜 나누기

✎ **주님께서 불쌍히 여겨주는 이, 그런 가정, 그런 사업, 그런 교회, 복 받을 겁니다. '주님, 나를 불쌍히 여겨 주옵소서' 그렇게 기도하고 마칩시다.**

9월-35과

하나님의 손이 짧아졌느냐?

*** 찬 송 : 380장, 365장**

한 아이가 예수님의 모습을 정성껏 그려 엄마에게 가져왔습니다. 엄마는 그림을 들여다보며 아이를 칭찬해 주었습니다. 그런데 예수님의 모습이 이상하게도 긴 팔을 갖고 있었습니다. 엄마는 아이에게 물었습니다. "정말 잘 그렸네. 그런데 왜 예수님의 손이 이렇게 길지?" 이에 아이가 대답합니다. "엄마는 그것도 몰라요? 그건요 예수님의 손은 세상의 구석구석 까지 미치기 때문에 길고, 또 우리들을 이끌어 가시려니 그 손이 얼마나 힘이 쎄겠어요? 그러니까 예수님의 손이 길 수밖에 없잖아요"

순진한 어린아이의 예수님의 보호하심과 인도하심에 대한 고백입니다. 그런데 이런 아이의 생각에 반하여 주님의 손길을 짧게 여기는 어른들이 의외로 많습니다.

1. 민수기 11:4-23을 묵상합니다.

2. 백성들의 모습

1) 이스라엘 백성들이 어떤 불평을 합니까?(4-6)

2) 이들의 불평이 합당하다고 생각되지는 않습니까?

3) 그런데 정말 그들에겐 먹을 고기가 없었을까요?(출 12:38)

4) 이들이 정말 먹고 싶은 게 뭡니까?(5-6)
그러니까 이건 특별히 무슨 음식입니까?

5) 이들은 자기들의 처지를 얼마나 서러워합니까?(10)

6) 잠깐, 이들은 처음부터 그런 불평을 하였습니까? 그들의 불평은 누구로부터 시작되었습니까?(4) 중생하지 못한 이들을 주의해야 합니다.

3. 모세의 심정

1) 모세도 불평을 합니다. 뭐라고요?(11)

2) 심지어 뭐라고까지 합니까?(12)

3) 모세가 더 절망적으로 불평하는 이유는 뭡니까?(13)

4) 모세의 불평은 점입가경(漸入佳境)! 이젠 하나님께 뭐라고까지 합니까?(15)

5) 뭔가 모세가 착각하고 있는 듯 합니다. 11-15절 사이에 히브리 원어 성경에 의하면 '나'라는 단어를 무려 14번이나 사

용하고 있습니다. 무슨 뜻입니까? 그는 하나님의 명을 받들어 이 일을 하면서 실제 이 일을 누가 하고 있다고 여기고 있는 겁니까? 주의 일군인 당신도 그런 것은 아닙니까?

6) 여기서 끝나지 않습니다. 하나님께서 고기가 싫어질 때까지 고기를 먹게 할 것이다 하자, 모세는 뭐라고 합니까? (21-22)

7) 모세의 이의 제기는 맞습니까, 틀립니까?

4. 맞습니다. 그런데 그가 여전히 착각하고 있는 것이 있습니다. 하나님을 자기와 같다고 여기고 있습니다. 주의 일을 하면서 자기가 중요하고, 자기가 그 중심, 주체가 되어 있기에 하나님도 자기와 같다고 여기는 겁니다.

이런 모세를 향해 하나님께서는 뭐라고 하십니까? **"여호와께서 모세에게 이르시되 여호와의 손이 짧아졌느냐 네가 이제 내 말이 네게 응하는 여부를 보리라"**(23)

여호와의 손이 짧아진 이들이 있습니다. 자기가 너무 중한 나머지, 하나님을 경홀히 여깁니다. 자기 지식, 이성, 상식을 너무 신뢰한 나머지 창조주 하나님까지 자기 지식, 이성, 상식에 가두어놓으려고 합니다.

하나님은 창조주이십니다. 무에서 유를 만드시는 분이십니다. 그런 분께서 당신을 위해 뭔가 특별한 일을 하시겠다는데 못하실 일이 뭐가 있겠습니까? 하나님의 손을 짧게 만들지 마십시오.

"여호와의 손", 능력의 상징입니다. 우리에게 절대적으로 신뢰할만한 큰 힘입니다. 이 손은 홍해를 가를 때나, 메추라기를 몰아올 때나, 반석에서 물을 낼 때나, 다윗을 붙드실 때나, 엘리야를 붙드실 때나, 나병환자를 고치실 때나, 아픈 이들을 어루만지실 때나 지금도 여전합니다.

그 손길을 의지하십시오. '여호와의 손이 짧아졌느냐?' '아닙니다. 주님의 손은 내게 여전하십니다. 주여, 행하십시오.' 믿음으로 권능의 손 여호와의 손에 붙들리기를 바랍니다.

☛ **내게 주신 은혜 나누기**

✎ **내게 여호와의 손이 결코 짧아지지 않았음을 증거하기 위해 서라도 새벽 기도회에 나아가 기도합시다. 구역원끼리 서로 만나자고 약속합시다.**

9월-36과

은혜를 많이 받은 이들에게

*** 찬 송 : 457장, 459장**

인간관계에서 "실망했다" "실망스럽다"는 말을 듣는 것처럼 괴롭고, 아픈 경우가 없습니다. 좋은 관계였을수록 그런 말을 들을 때 우리의 마음은 몹시도 아픕니다. 失望! 무슨 뜻인지 아시지요? 소망을 잃어버렸다는 것입니다. 늘 상대방에 대한 어떤 기대감을 갖고 살았는데 이제 그 기대감을 버리게 되었다는 것입니다. 비록 지금은 부족해도 더 나아지겠지 하는 기대감, 소망을 상대방에게 갖고 있었는데, 어느 순간에 상대방에게 그런 기대감과 소망을 갖는다는 것이 잘못된 생각이었다는 판단이 듭니다. 이른바 너는 별 수 없구나 하는 생각, 퍽 마음 아픈 감정입니다.

예수님은 언제나 사람들에게 기대감을 갖고 계신 분이었습니다. 그 분의 제자들, 그 따르는 이들이 모두 형편없는 이들이었지만, 그들을 포기하지 않고 끝까지 가르치고, 인내하신 것은 그들에게 어떤 기대감, 소망을 갖고 계셨기 때문입니다. 주님은 언제나 선한 마음으로 사람들에게 기대감을 갖고 계셨습니다.

그런데 오늘 말씀에 보면 놀랍게도 실망의 차원을 넘어서, 책망하시는 예수님의 모습이 보입니다. 매우 드문 경우인데, 얼마나 예수님의 심정이 단호한지 그 문체가 애매하지도 않고 분명합니다. 사랑의 예수님, 그토록 모든 이를 용서하고, 사랑하시던 예수님이 이렇게 엄한, 무

서운 저주까지 하게 된 이유는 무엇일까요? 늘 예수님의 사랑과 관심 속에 살기를 원하는 우리가 신중히 생각해 보아야 할 사안입니다.

1. 마태복음 11:20-24을 묵상합시다.

2. 두 도시가 나옵니다.

1) 고라신, 뱃새다, 가버나움 - 유대인 도시
2) 두로(베니게 항구도시, 주전 2750년), 시돈(주전 1400년), 소돔(창세기에 심판 받은 성읍) - 전통적인 이방인 도시

3. 유대인 도시들의 공통점

1) 축복을 사모하던 도시 : 뱃새다! 생각나십니까? 5병2어! 그 때 몇 명의 사람들이 모였습니까? 당시 그 인원은 엄청난 숫자입니다. 도시 사람 다 왔다고 해도 과언이 아닐 겁니다. 가버나움! 예수님께서 주로 활동하셨고, 많은 환자를 고쳐주셨던 곳.

2) 예수님이 실제로 그 안에 계셨던 도시 : 언제나 예수님은 자기 마을에 거하시며 자기들의 골치 아픈 문제, 절망적인 문제를 해결해 주는 해결사요, 치유자요, 능력자요 위로자, 그리고 위대한 스승이었습니다. 무척 예수님을 좋아하고 따랐습니다.

4. 그런데 왜 이들이 실망을 넘어서 책망을 받습니까?

1) 축복을 사모한 나머지 그 누가 축복을 줘도 상관이 없다는 자세입니다. 즉 기복신앙! 그 많은 복을 예수님을 통해 받고

서도 예수님을 향해 하나님의 아들로, 메시아로 고백하지 않은 이들입니다. 하늘 축복의 주된 목표가 뭡니까? 예수로 하나님의 아들임을 믿게 하려고! 그럼에도 그들에게는 이런 영적 운동이 없었습니다.

2) 그래서 회개가 그들에게 없습니다. 복만 사모했지, 가슴을 치며 통회함이 그들에게 없었습니다. 받을 복을 누릴 줄만 알았지 그 복으로 주님 기뻐하시는 일에 쓸 줄도 몰랐습니다.

3) 그러더니 결국 그것은 교만으로 나타났습니다. 회개할 줄 모르기에 본래 자기가 잘나서, 똑똑해서, 근면 성실해서 복을 누리는 줄 알았습니다. 이상하리 만치 예수의 축복으로 살면서도 예수님의 문화가, 예수님의 정신이 그 삶 속에, 사업터에, 가정에 없었습니다.

=> 예수님께서는 이것을 싫어하셨습니다. 그래서 급기야 회개하지 않고 교만해 하며 세속적인 관심 속에 사는 이들을 자신과 끊어 버리셨습니다.

5. **누가복음 12:48절의 말씀을 명심하십시오. "... 무릇 많이 받은 자에게는 많이 찾을 것이요 많이 맡은 자에게는 많이 달라 할 것이니라!"** 많은 축복과 은혜를 구하는 우리에게, 많은 것을 주시고, 동시에 남보다 많은 것을 하나님께서 우리에게 요구하신다는 말씀입니다. 물론 영적인 것만을 말하는 것이 아닙니다. 이 세상에서 살아가면서 하나님께로부터 받은 구체적인 건강, 물질, 권세, 인기, 달란트, ... 우리의 삶을 행복하게 하는 모든 삶의 복된 요소를 받은 모든 이들에게 해당되는 말씀입니다.

은혜를 많이 받은 사람에게 주께서 원하시는 삶은, 은혜 받기 前하고는 완전 다릅니다. 축복을 많이 받은 사람에게 주께서 원하시는 생활은 축복 받기 前하고는 정말 그 강도가 다릅니다. 그러나 그 주님의 요구에 순종하여 경건하며, 진실된, 온전한 믿음 생활을 해 나가는 사람에게는 더욱 큰 은혜와 축복이 주어집니다. 오늘까지 받은 은혜로 주님께서 나에게 기대하시는 그것을 이루어 드리는 신실한 신앙인의 삶을 삽시다. 그리하여 더욱 심오한 큰 은혜와 축복이 여러분의 신앙의 그릇에, 생활의 그릇에 가득 차 넘치기를 소망합니다.

☛ 내게 주신 은혜 나누기

9월-37과

성전을 이루는 정성

*** 찬 송 : 327장, 338장**

어떤 사람이 꿈에 천국에 갔답니다. 그토록 보고픈 천국, 열심히 둘러보다가, 문득 자기가 살 집이 있을 것이다 싶어 찾아가 보았더니 형편없는 집이었답니다. 다른 집들은 모두들 번듯한데, 자기 집만 … 그래서 안내해주던 천사에게 따졌답니다.

"아니 천국에서 이렇게 차별해도 되는 겁니까?" 그랬더니 천사가 말했답니다. "화 내지 마십시오. 우린 충실하게 집을 지었을 뿐입니다. 다만 이 곳에서 지어지는 집들은 모두 저 세상에 있을 때 형제님이 보내 주는 재료들로만 지을 수 있을 뿐입니다."

신앙생활 한다는 것은 집을 짓는 것입니다. 기도를 하고, 예배를 드리고, 봉사, 사랑, 용서, 헌신, … 결국은 모두 집을 짓는 것입니다. 우리가 이 땅 위에서 신앙의 집을 위해 벽돌 한 장을 쌓으면 동시에 저 하나님 나라에서도 똑 같은 벽돌이 한 장 쌓여 갑니다. 그래서 마침내 그 집이 완성되었을 때에 우린 모두 영원한 하나님 나라로 부르심을 받는 것입니다.

1. 오늘 본문이 그걸 보여줍니다. 고린도전서 3:10-15입니다.

2. 터와 재료

1) 우리가 평생 짓는 집, 그 집의 터는 무엇입니까?(11)

- 이 터가 분명해야 합니다. 자신의 신앙생활 터전은 무엇입니까? 같은 고향 사람? 아니면 자신의 종교적 열심? 우리들의 신앙 공동체, 이 왕십리 중앙 교회의 터는 예수 그리스도입니다! 종종 집안 내력 때문에, 누구 체면 때문에 교회 나오는 이가 있는데, 아닙니다. 속히 그 터를 예수 그리스도로 삼아야 한다.

2) 이 터 위에 우리는 각자 자기의 스타일대로, 집을 짓습니다. 이게 교파입니다. 어떤 이들은 장로 교인의 모습으로, 어떤 이는 감리 교회, 성결 교회, ... 등등 여러 형태의 집을 짓습니다. 교파가 다양하다고 불평하고 비난하지 마십시오. 그건 그만큼 우리들의 삶의 스타일이 다르다는 것입니다. 그러나 분명한 것은 서로 스타일, 모양은 달라도 터는 같다는 사실입니다. 그러기에 터만 같다면 서로의 차이, 스타일들을 이해하고 용납해야 합니다.

3) 그러면 이 터 위에 집을 짓는데, 누가 그것을 주도하고 감독합니까?(10)

- 목사를 잘 만나야합니다. 이 사람이 잘못 지으면 평생 집 짓고 고생합니다. 그러기에 자신의 목사님을 위해 늘 기도하십시오.

4) 건축 재료가 보입니다. 무엇입니까?(12)

5) 그런데 이 집들을 어떻게 하신 답니까?(13-15)

3. 왜 재료가 다른 걸까요? 의미하는 바가 뭘까요?

1) 이 재료들은 가치 면에 있어서 차이가 있습니다. : 금, 은, 보석으로 지어지는 성전은, 신앙생활이 가치 있는 것들로 이루어지는 것입니다. 가치 있는 건강, 가치 있는 시간, 가치 있는 재물을 드리는 것이 아니라 남아도는 건강, 남아도는 시간, 남아도는 재물로 드리는 것은 나무, 풀, 짚으로 성전을 짓는 것을 말합니다.

가치 있는 것들로 신앙생활을 합시다. 정말 소중한 시간, 소중한 건강, 소중한 물질로 믿음 생활, 봉사 생활을 해 갑시다. 거기에 주님께 인정받는 성전이 지어집니다.

2) 이 재료들은 가공 면에서의 차이가 있습니다. : 나무, 풀, 짚으로 신앙생활을 이어가고, 성전을 짓는 이들은 금방 만족하고 말 것입니다. 그러나 금, 은, 보석으로 짓는 이들은 언제나 꾸준히 노력해 갑니다. 아니 일생 동안 말씀으로 자기를 치며 노력해 갑니다. 장로가 되고, 목사가 되어서도 늘 주님을 닮지 못하는 것을 마음 아파하며, 겸허히 기도하고, 말씀 읽고, 회개하며 삽니다. 70, 80이 넘어가도 주의 뜻대로 살지 못함을 아파하며 노력해 나가는 것, 금, 은, 보석으로 자신의 신앙의 집을 짓는 사람입니다.

3) 이 재료들은 영구성에서의 차이를 보입니다. : 우리 중에 무엇이 영원합니까? 우리의 삶 속에 무엇이 영원합니까? 주님을 닮은 것들, 하늘나라 속성에 속하는 그런 것들로 신앙생활을 해 갑시다. 믿음, 사랑, 용서, 희생, 봉사, 헌신, 진실, 미소, 겸손, ... 진정 주님을 닮은 영원한 것들로 우리의 신앙생활을 채워 갑시다. 그리할 때 우리가 짓는 성전은 영원한 재질로 이루어질 것입니다.

=> 대충 대충 신앙생활하면 대충대충 천국집이 지어집니다. 정성껏!

☛ **내게 주신 은혜 나누기**

✐ **교회 섬기는 게 쉽습니까? 그 까짓 것 하는 마음이 듭니까? 그러면 이 사람이 짓는 믿음의 집은 주로 무엇으로 지어지는 걸까요? 서로 고백해 봅시다. '내가 요즘 짓는 천국의 내 집은 재료가 이런 것 같아' 하고 말입니다.**

9월-38과

마음껏 축복하는 기쁨

*** 찬 송 : 43장, 42장**

성경에 의하면 축복은 하나님께서 당신의 종들에게 백성들을 위하여 하나님께 복을 빌라고, 축복하라고 한 것으로 주의 종들의 특권입니다.

그러나 축복권이 주의 종들에게 있다고 마구잡이로 축복할 수 있다고 생각하면 오산입니다. 요즘엔 그래도 좀 덜하지만 30여년 전만해도 교회가 부흥하려면 그 교회 목사님이 축복이란 단어를 입에 달고 있어야 했습니다. 그래서 쉴 새 없이 "축복이 있을찌어다!"를 연신 연발하였습니다. 건강 축복, 가정 축복, 사업, 자녀, 물질, 직장, 인기, …

모두 복 받기 원하시지요? 나도 여러분을 마음껏 축복하고 싶습니다. 그러나 만약, 모든 것을 내 마음대로 축복한다면 나는 진정한 하나님의 종이 아닙니다. 여러분 듣기엔 기분 좋을지 모르지만 만약 그렇게 한다면 나는 무당에 불과할 뿐입니다. 성경에 나타난 하나님의 종의 축복은 제 마음대로, 제멋대로 축복할 수 없었습니다. 이 사실을 가벼이 여겼다가 아주 큰 실수를 저지른 사람이 오늘 등장합니다.

1. 오늘 본문 창세기 27:30-40을 묵상합시다.

2. 이삭

1) 이삭, 믿음의 조상 아브라함의 외아들입니다. 그가 나이가 들어 기력이 쇠하여졌습니다. 이미 눈은 어두워졌고, 거동도 그리 자유롭게 할 수 없습니다. 오늘 본문에 그의 나이는 137세입니다. 이미 눈이 어두워졌고, 기력이 쇠하여서 자신이 언제 세상을 떠날지 모르겠다 싶어 장남 에서를 불러, 네가 사냥해 온 음식을 먹고 너를 마음껏 축복하겠노라고 하였습니다. 그런데 이 사실을 알고, 야곱이 형을 위장하여 아버지를 속이고, 장자 축복을 가로챘고, 뒤에 그 사실을 알고 대성통곡하는 에서의 모습이 오늘 본문입니다.

2) 그런데 좀 이상한 게 보입니다. 왜 이삭은 에서를 축복하지 않았을까요? 그까짓 것 야곱에게 한 축복을 그대로 또 해도 좋고, 아니면 야곱에게 한 축복은 무효다 하고 새롭게 에서에게 해 줄 수도 있었을 터인데 왜 못했을까요?

- 창세기 25:23을 읽고 생각해 보세요.
- 33절에 **'이삭이 심히 크게 떨며 ...'**를 함께 생각해 보세요. 왜 떨었을까요?

- 축복은 자기 마음대로 하는 게 아닙니다. 주님의 뜻대로! 내가 아무리 복이 있을찌어다, 복이 있을찌어다! 하고 외쳐도, 주님께서 허락지 않으면, 주님의 뜻이 아니면 허망한 것입니다. 축복은 선언하는 것이 중요한 것이 아니라 그것이 주의 뜻대로 이냐가 중요합니다.

3. 에서

1) 그러면 왜 에서는 억울하게 장자이면서도 축복을 받지 못했을까요? 성경에 보면 분명 하나님께서 명하시기를 집안의 축복은 장자에게 주라고 하셨는데... ?(창 25:32-34)

- 이미 장자권은 누구에게 넘어갔지요?

2) 에서는 이것을 평상시 소홀히 여겼습니다. 그는 열심히 살았으나 평상시 하나님의 복에 대해선 그리 신중한 반응을 보이지 않았습니다. 스스로 성실하게 땀 흘려 살기만 하면 잘 살게 된다고 여겼지, 거기에 하나님의 복이 매우 중요하다는 사실에 대해선 우습게 여겼습니다. 그래서 뒤늦게 후회하지만 그 때는 이미 늦었습니다.

3) 에서의 눈물을 보십시오.

"에서가 그의 아버지의 말을 듣고 소리 내어 울며 아버지에게 이르되 내 아버지여 내게 축복하소서 내게도 그리하소서"(34)

"아버지께서 나를 위하여 빌 복을 남기지 아니하셨나이까?"(36b) 국물이라도 달라는 애걸입니다.

"에서가 아버지에게 이르되 내 아버지여 아버지가 빌 복이 이 하나 뿐이리이까 내 아버지여 내게 축복하소서 내게도 그리하소서 하고 소리를 높여 우니"(38) 얼마나 애절한 모습입니까?

4. 목사는 축복을 만들어 내는 기계가 아닙니다. 누구든지 와서 청하기만 하면, 단추만 누르면 세상에서 제일 좋은 언어들을 구사

하며 축복을 나열하는 기계가 아닙니다. 목사는 하나님의 종으로 하나님께서 허락하시는, 주의 뜻대로 사는 이들에게 주의 뜻대로 축복할 수 있습니다.

그러므로 주의 복을 사모한다면 그만큼 바르게 사십시오. 주의 말씀을 좇아 사십시오. 복과 은혜를 사모하며 사십시오. 형제와 식구들의 마음을 아프게 하며 살지 마십시오. 형제들과 불화하며 축복을 간구하는 것은 마 5장의 예수님 말씀에 의하면 옳지 않습니다.

말씀대로 올바르게 살아 정말이지 주의 종이 찾아가서 거리낌 없이 마음껏 축복할 수 있는 기쁨을 누릴만한 성도의 삶을 사십시오.

그리고 무엇보다, 하나님의 축복의 가치, 그 소중함을 알고 사모하십시오. 여러분이 간구하는 대로, 주의 종이 찾아가 축복하는 대로 이루어지를 예수님의 이름으로 축복합니다.

☛ **내게 주신 은혜 나누기**

✐ 둘씩 바라봅시다. 그리곤 고백합시다. "나는 하나님께서 당신에게 이런 복을 주시기를 기원합니다." 사전에 묻지 말고, 평상시 상대방을 향했던 마음을 그대로 축복합시다.

10월-39과

하나님의 성전은 거룩하니

*** 찬 송 : 208장, 215장**

어느 목사님이 교회를 개척하였습니다. 교회 이름을 예수님께서 종종 방문하셔서 쉬셨던 마르다, 마리아, 그리고 나사로가 살던 동네 베다니를 생각하여 "베다니 교회"로 하였습니다. 성경에 나타난 것처럼 주님께서 늘 자기 교회 안에 편안히 거하시기를 원하여서 그렇게 이름한 것입니다.

그런데 얼마 전부터 목사님은 고민에 빠졌습니다. 언제부터인가 우편물이 오면 수취인인 교회 이름이 고쳐져 있는 것이었습니다. 누가 고쳤을까 하여 확인해 본 결과 우체국에서 직원이 고쳤다고 합니다. 왜 고쳤느냐 했더니 글자가 틀린 것 같아서 고쳤답니다. 어떻게 고쳤을까요? '베다니 교회'가 '베니다 교회'로 고쳐졌습니다.

베니다를 베다니로 잘못 썼을 것이다 하여 친절하게 고쳐 준 것입니다. 자상한 마음에 고마움도 있었지만, 그 베니다 교회 이름을 들여다보며 목사님은 한참 고민했다고 합니다. 우체국 직원의 성경에 대한 무식도 그렇지만, 정말 자기네 교회가 베니다 교회가 아닐까 했다는 겁니다.

베니다 교회, 깡통 교회, 이런 곳도 교회라고 할 수 있을까요? 베니다로 만든 교회, 양철 판으로 만든 교회, 들어가면 초라하다는 느낌이 드는 그런 교회, 과연 이런 곳도 하나님의 성전이랄 수 있을까요?

1. 오늘 본문 고린도전서 3:16-17입니다.

2. 성전

1) 성전이란 어떤 곳인가요?(16)

2) 이 교회 예배당, 성전이라고 믿어 왔습니다. 왜 이곳이 성전입니까? 이곳에 하나님의 영, 성령께서 거하시기 때문입니다. 이곳에 경건한 사람들이 모이기 때문에 성전이 되는 것은 아닙니다. 능력 있는 이들이 모이기 때문에, 학식이 높은 사람들이, 권세 있는 자들이 모이기 때문에 이곳이 성전이 되는 것이 아닙니다. 이곳이 성전인 것은 성령께서 거하시기 때문입니다.

3) 이 성전, 하나님께서 얼마나 귀히 여기시는 지 아십니까?(17)

- 더럽힌다는 헬라 원어 동사는 두 가지 의미가 있습니다. '파괴한다', '부패시킨다'. 하나님의 성전, 교회를 파괴시키고 부패시키면 하나님께서 그 사람을 멸하신다고 할 정도로 하나님께서는 성전을 사랑하십니다.

4) 그러면 하나님의 성전을 파괴, 부패시키는 게 뭘까요? 그러기 위해선 오늘 본문 앞부분을 참고해야 합니다.(고전 3:3-4)

- 교회 내에서 편을 가르고, 서로에게 상처를 주고, 쑤군거리고, 자기만이 옳다고 남을 정죄하고, ... 이러는 것은 교회에 고통을 주는 것이며, 더 나아가 하나님의 성전을 더럽히는 행위입니다. 평생토록 이러한 행위를 조심해야 할 것입니다.

5) 이 성전, 건물로만 생각하면 안 됩니다. 우리 몸도 성전입니다. 고린도전서 6:19을 보십시오.

6) 그러므로 이 몸을 함부로 굴려도 됩니까?(고전 6:20)

3. 오늘 본문에서 한 가지 의미심장한 것이 있습니다.

성경에서 보통 성전이라 할 때 쓰는 단어는 '히에론'(Hieron)입니다. 그런데 오늘 본문에 쓰인 단어는 '나오스'(Naos)입니다. '히에론'이란 단어는 성전 전체를 말합니다. 그러나 '나오스'란 단어는 성전 안의 성소를 말합니다. 성전에서도 가장 거룩한 곳, 지성소를 '나오스'라고 합니다. 성전을 성전답게 해주는 핵심 성소입니다. 그러니까 16절 말씀은 '너희가 하나님의 나오스, 지성소인 것을 알지 못하느뇨'란 말입니다.

여러분, 이 교회 성전에서 가장 거룩한 곳이 어디입니까?

바로 여러분 자신입니다! 거룩 중의 거룩입니다! 자신의 몸(Body), 자신의 마음(Soul), 자신의 영혼(Spirit)! 하나님께서 인정하시는 거룩한 장소입니다.

오늘 본문은 이렇게 끝납니다. **"하나님의 성전은 거룩하니 너희도 그러하니라!"** 하나님의 성전은 거룩하니 너희도 그러하라 가 아닙니다. 하나님의 성전은 거룩한데 너희는 아직 거룩하지 않으니 거룩해져라, 그렇게 노력해라, 도 닦아라! 가 아닙니다.

하나님의 성전은 거룩하니 너희도 거룩하니라! 이미 거룩합니다. 내가 노력한다고 해서 거룩하지도 않은데 거룩해 지는 것이 아닙니다. 이미 성령께서 내 안에 거하시기에 거룩합니다. 다만 거룩한 사람답게 살아가라는 것입니다. 여러분의 거룩한 삶이 이 세상 속에 비쳐지는 하나님의 영광이 되기를 바랍니다.

☛ **내게 주신 은혜 나누기**

10월-40과

어찌하여 너희 선생은

*** 찬 송 : 96장, 92장**

1. 오늘 본문은 마태복음 9:9-13입니다.

2. 세리 마태

1) 마태라는 이름은 '하나님이 주신 선물'이란 뜻입니다. 그의 부모가 그를 낳고 얼마나 기뻐했는지 짐작이 가지요?

2) 그런데 그의 직업이 뭡니까?

3) 거둬들인 것을 누구에게 갖다 줍니까? 그러니 동족이 볼 때 그는 어떤 이 입니까?

4) 게다가 삭개오의 경우를 통해 알 수 있듯이 대개 그 직업가진 이들은 과다하게 징수하여 착복을 하여 부자가 되었습니다. 그러나 그만치 사람들로부터 어떤 대우를 받았을까요?

5) '하나님이 주신 선물' 마태, 고민하였을 겁니다. 자신의 삶에 대해 말입니다. 그 때 그가 누구를 만나고, 어떻게 합니까?(9)

6) 이 기쁨을 그는 누구와 함께 나눕니까?(10)

3. 그를 바라보는 의인들

1) 마태의 이야기가 여기서 끝났다면 해피엔딩입니다. 그런데 이를 시비 거는 이들이 있습니다. 누구입니까?(11)

2) 이들은 늘 사람들을 구분하는 이들입니다. 그들 그룹의 이름 뜻이 '구분되었다'는 뜻이지요. 언제나 너와 나는 다르다고 여깁니다. 그냥 가만있어도 될 것을 굳이 구분합니다. 언제나 선인과 악인으로, 우리 편과 니네 편으로!

그래서 늘 자기는 옳고 너는 틀리기에 잔소리를 합니다. 틀린 것은 지적해야 하고, 싸워서라도 잡아 주어야 합니다. 그리곤 한 걸음 더 나아가 모자라고 덜 된 사람들, 율법도 모르고 윤리도 모르는 이들, 예절과 매너도 모르는 이들과는 가까이 하지도 않습니다.

3) 이런 사람들이 볼 때 예수님이 세리와 죄인들과 함께 먹고 마시며 교제를 하다니 이해할 수 없었습니다. 그래서 역시 그냥 넘어가지 못하고 남의 잔치 자리에서 시비를 걸었습니다. 뭐라고?(11)

4. 이에 예수님께서 답하셨습니다.

첫째, 나는 의사이다!(12) - 의사가 못 갈 곳이 있습니까? 예수님은 우리의 의사입니다. 육신의 병, 마음의 병, 영혼의 병, 모든 것을 고치십니다. 요청만 하십시오. 어디고 찾아가십니다.

둘째, 나는 긍휼을 원한다!(13) - 왜 제사를, 예배를 원치 않으시겠습니까? 그럼에도 긍휼이 없는 예배보다는 차라리 긍휼 그 자체를 원하신다는 말씀입니다. 그럼에도 예수님께 주저합니까?

셋째, 나는 죄인을 부르러 왔다!(13) - 왜 죄인을 부르러 오셨을까요? 죄인은 스스로 해결할 수 없습니다. 죄인은 누군가의 도움이 필요합니다. 죄인은 고민은 엄청나게 하지만 아무런 해결책을 스스로 갖고 있지 않습니다.

- 당당한 예수님의 태도입니다. 머뭇거리시지 않습니다. 저들은 시비를 걸지만, 예수님은 당당하십니다. 예수님은 결코 우리 죄인들을 부끄러워하지 않으십니다.

5. 사람들, 특별히 의롭다고 여기는 이들, 잘못한 것이 없다는 이들, 나 같아만 보라고 해 하는 이들, 많이 배웠다고 어깨에 힘이 들어간 이들, 사회에서 나름대로 존경받고 산다고 고개를 삐죽이 내미는 이들, 같은 수준급 생활환경으로 자기들끼리만 교제하며 사는 이들, ... 이런 이들은 예수님을 이해하기 어려웠습니다.

그래서 묻습니다. **"어찌하여 너희 선생은 … ?"**

그러나 자신이 모든 것을 잃었을 때에, 자신의 인생이 고민이 될 때에, 그토록 자신 있던 건강을 잃었을 때에, 자신이 그토록 추한 죄인임을 깨달았을 때에, 모두가 날 버렸다고, 등 돌렸다고, 배신했다고 느낄 때에, 바로 그 때에 죄인과 세리의 친구가 되어 주셨던 그 예수님이 얼마나 고마운 분인지 알게 될 것입니다.

우린 압니다. 그것이 얼마나 감사한 일인지. 그것이 입버릇처럼 불쌍히 여겨 달라고 기도하면서도 여전히 부끄러운 인생을 사는 자기모순에 빠져 있는 우리들에게 얼마나 큰사랑인지!

☛ 내게 주신 은혜 나누기

10월-41과

땅 끝에 있다고 느껴질 때에

*** 찬 송 : 408장, 394장**

삶의 중심에서 살 때는 인생이 마냥 행복하다고 느껴지며, 세인의 관심과 사랑 속에 살 때는 인생이 왜 이리 즐겁냐고 노래하게 됩니다. 그러나 언제부터인지 자꾸 변두리로 밀려나고 있다고 느낄 때, 집에서도 늙었다고 자녀들에게 소외당하고 있다고 느낄 때, 입시에 실패하여 주변 눈치를 보게 될 때, 그래서 급기야 땅 끝에 홀로 서 있다고 느낄 때 어떤 감정이 들까요?

무엇보다 더 이상 길이 없다고 느껴집니다. 더 나아갈 길이 없습니다. 한 발자국이라도 더 나갔다 간 정말 완전 파멸이라고 느껴집니다.

그리고, 자신이 너무 작다고 느껴집니다. 세상은 너무 크고 자신은 너무 작아서 세상의 한 모퉁이에서 웅크리고 있어 더욱 더 두려움만이 들뿐입니다.

또한 모두에게 잊혔다는 생각이 듭니다. 한 때는 세인의 관심 속에서 살았지만 이제는 초라해져서, 모두에게 잊혀져가는 그런 신세라는 느낌입니다.

1. 오늘 말씀은 이런 비극적 상황, 땅 끝에 선 이들에게 하나님께서 하시는 말씀입니다. 이사야서 41:8-16입니다.

1) 하나님께서 우리를 어디에서 붙들고, 어디에서 부르신답니까?(9a)

- 땅 끝, 땅 모퉁이! 이 의미를 아십니까? 여기서 더 나아가면 어떻게 됩니까? 그런 절망적인 상황에 있는 이들입니다.

2) 이들을 향해 주님께서 뭐라고 하십니까?(9b)

- 하나님, 우리 아버지이십니다. 그 아버지께서 나를 싫어하지 않는다고 하는데 왜 그러십니까?

3) 그것도 못 미더워하는 이에게 아예 노골적으로 뭐라고 하십니까?(10)

ㄱ. 두려워하지 말아야 할 이유 :
ㄴ. 놀라지 말아야 할 이유 :
ㄷ. 진짜로 겁먹지 말아야 할 이유 :

4) 자신의 가치가 너무 작다고, 무가치하다고 여기는 이들에게는 뭐라고 하십니까?(14-15)

ㄱ. 뭐 같다고요?
ㄴ. 뭐로 만들어 준다고요?

- 세상이 두려우십니까? 이제 어떻게 살아야 할까 막막하십니

까? 주 예수 그리스도를 믿으십시오! 그 분께서 새롭게 하실 것입니다.

5) 모두에게 잊혀져 간다고 외로워하는 이에게 뭐라 하십니까?(8,16b)

ㄱ. 그런 이를 하나님께서 누구라고 불러주십니까?
ㄴ. 그는 누구로 인하여 즐거워하고, 자랑합니까?
- 아무도 주시하지도 않는 후미진 곳에서 훌쩍이는 이를, 눈여겨 보아주지도 않는 그런 가치 없는 존재를 불러내어 가장 영광스럽고, 모든 이들의 선망의 대상이 되는 하나님의 벗으로, 친구로 삼아 주시는 하나님! 그리하여 그것을 자랑하며 일평생 살 수 있도록 최대의 가치와 기쁨을 주시는 하나님!

2. 땅 끝에 서 있다고 느껴질 때, 여러분 자신을 보지도 말고, 세상을 보지도 마십시오. 오직 하나님을 주시하십시오! "사람을 보며 세상을 볼 때 만족함이 없었네, 나의 하나님 그 분을 뵐 때 나는 만족하였네. 저기 빛나는 태양을 보라 또 저기 서 있는 산을 보아라, 천지 지으신 우리 여호와 나를 사랑하시니 나의 하나님 한 분만으로 나는 만족하겠네. 동남풍아 불어라 서북풍아 불어라 가시밭에 백합화 예수 향기 날리니 할렐루야 아멘 가시밭에 백합화 예수 향기 날리니 할렐루야 아멘"

백합화 한 송이가 세상을 어찌 순화할 수 있겠습니까? 이 세상이 얼마나 드넓은데..... 그러나 그 꽃송이에서 흩날리는 향기는 세상을 뒤덮을 수 있습니다.

성도들이여, 땅 끝에 서 있다고 느껴질 때, 세상의 바람이 거세게 불어 닥쳐 더욱 위기감에, 두려움 속에 빠져들 때 향기를 날리십시오! 주님의 손에 붙들려, 도와주시고 강건케 하시는 주님의 은혜로 더욱 고아(高雅)한 성도의 자세를 갖으십시오. 외롭다, 두렵다 말고 여전히 나를 바라보시며 빙긋 웃으시는 주님을 주시하며 힘을 내어 달려갑시다.

끝이라고 여겨지는 바로 그곳에서 새로운 역사는 출발합니다. 인간이 포기하고 절망하는 그 곳에서 하나님의 능력의 역사는 언제나 새 출발합니다. **"나 여호와 너의 하나님이 네 오른손을 붙들고 네게 이르기를 두려워 말라 내가 너를 도우리라 할 것임이니라."** 아멘!

☛ **내게 주신 은혜 나누기**

주께서 그리 말씀하시니
그러한 줄 믿습니다.
그러기에 짓누르던
모든 두려움, 근심…
겸허히 주님 앞에 내려놓습니다.
이제 말씀하신대로
내손을 잡아주시고
그 두렵게 느끼던 것의
한복판으로
나를 인도하옵소서.
내 무슨 일이 있어도
삶의 초점을 주님께 두리이다.
좌에서 무슨 일이 일어나도
우에서 어떤 소리가 들려도
오직 주님만 바라보고
내 영혼에게 말하겠나이다.
두려워하지 마라 내 영혼아,
저것은 종이호랑이
그렇게 주님께서 내게 말씀하셨느니라.

10월-42과

마음을 찢고 돌아가자

*** 찬 송 : 280장, 273장**

미국 뉴올리언즈의 카트리나 허리케인으로 죽은 사람이 천국엘 갔답니다. 매일 아침 천국 광장에서는 사람들이 모여 저 세상에 있을 때의 이야기를 하는데, 이 사람이 베드로에게 부탁하였습니다. "베드로님, 나도 한 마디 해도 됩니까? 허리케인이 얼마나 무서운지, 허리케인으로 온 도시가 물에 잠기는 무서운 이야기를 하고 싶어요." 그러자 베드로가 이렇게 말했답니다. "그럼요, 하세요. 그런데 당신 이야기를 듣는 이들 중에 노아 할아버지가 있다는 사실을 기억하세요."

기상 이변으로 인해 전 세계가 큰 어려움을 겪고 있습니다. 그런데 이상하지요? 그런 자연재해가 올 때 자연의 야생 동물들은 피해가 그렇게 많지 않다는 것입니다. 그것들은 무엇으로 인한 것인지 재난이 다가옴을 감지하고 미리 대피했다는 것입니다. 가만 보면, 자연 재해 앞에서 가장 똑똑하다고 잘난 체 하는, 만물의 영장이라고 하는 인간만 무지합니다.

요즘의 재난들, 왜 이렇게 자주, 무섭게 발생하는 것일까요? 무슨 싸인이 있는 게 아닐까요? 시 49:20절에 보면, "존귀하나 깨닫지 못하는 사람은 멸망하는 짐승 같도다."하는데, 우리는 하나님께서 뭔가 싸인을 보내시는데 깨닫지 못하고 멸망하는 짐승 같아지는 것은 아닐까요?

1. 오늘 본문은 요엘 2:12-14입니다.

1) **배경** : 요엘서는 메뚜기 재앙과 가뭄인 자연의 대란, 즉 자연 재앙으로 이스라엘 백성들을 징계하시며, 동시에 회개하며 돌아서기를 촉구하는 내용입니다. 이 요엘서는 크게 두 부분으로 나뉩니다. 1:1-2:17(재앙과 회개 촉구), 2:18-3:12(심판의 날, 여호와의 날). 심판의 날인 여호와의 날은 심판이기도 하지만, 그 전에 회개하고 돌아서면 그 날은 축복의 날, 회복의 날이 될 것을 말하고 있는 것입니다.

2) 그러기에 요엘서의 중심은 오늘 본문이라고 할 수 있습니다.

ㄱ. 하나님께서 우리보고 어떻게 하라고 하십니까?(12)

ㄴ. 무엇을 찢으라고 하십니까?(13)

ㄷ. 하나님은 어떤 분이시랍니까?(13)

ㄹ. 그래서 어떻게 하신 답니까?(13b)

ㅁ. 하나님께서 우리에게 복을 끼치시면 우리가 할 수 있는 게 뭡니까?(14b)

ㅂ. 그렇다면 예배는 드린다고 다 된 게 아니라 하나님께서 거절하시는 예배가 있다는 뜻인데? 어떤 예배를 거절하십니까?(14a)

ㅅ. 예배를 드리고 나면 내 영이 기뻐하고 감격하는 것, 그건 무슨 의미일까요? 예배 후, 세상이 밝고 맑게 보이는 것은 무슨 뜻일까요?

2. **유감스럽게도 예배가 거절당하는 교회가 있습니다.** 온전한 예배를 드리지 못하는 교회가 있습니다.

1) 1:9 - 왜 예배가 불가능한 겁니까?

2) 1:13 - 왜 제사장들이 슬피 울어야 합니까?

- 돌이키지 않으면, 회개하지 않으면 그날이 올지 모릅니다. 교회 앞에 말입니다. 예배를 드릴 수가 없습니다. 모든 것이 황폐해져서 말입니다. 지금 있다고 맘 놓아선 안 됩니다. 이런 것들은 단번에 사라질 수 있습니다. 하나님의 법도, 말씀을 붙들어야 합니다.

3) 1:14 - 그러니 어떻게 해야 합니까?

4) 이렇게 하면 어떤 일이 일어날까요?(2:15-18)

3. **"그 때에 여호와께서 자기 땅을 위하여 중심이 뜨거우시며 그 백성을 긍휼히 여기실 것이라"** 그렇습니다. 교회는 오늘날의 부와 명예에 안주해서는 안 됩니다. 교회가 교회답지 못하고 회개하지 않고 세상을 그대로 따라간다면, 언젠가 교회 앞엔 재앙이 올 것입니다. 누리던 모든 것들이 사라질 것입니다.

아니 됩니다. 그 날이 오기 전에 우리는 회개해야 합니다. 그래서 회개하는 우리를 하나님께서 보시고, 그 마음이 뜨거우시며, 긍휼히 여기시도록 해야 합니다. 종교개혁, 그렇습니다. 우린 하나님의 말씀으로 끊임없이 마음을 찢고 하나님의 법도로 돌아가야 합니다.

☛ 내게 주신 은혜 나누기

10월-43과

감사를 아는 사람

＊ 찬 송 : 310장, 587장

한 농부가 타작을 하고 있는데, 친구가 찾아와서 거들어 주며 물었습니다. "올 해 농사는 어떻게 되었는가?" 그러자 농부는 울상을 지으며 "금년에 배추 농사는 망했어!" 합니다. 너무나 실망을 하는 표정에 무어라고 위로할 수가 없었으나, 조심스레 다시 물었습니다. "감자 농사는 어떤가? 그것도 망했나?" "아니!" "벼농사는?" "그런대로 괜찮네." "그럼 옥수수 농사도 망했는가?" "아니야, 그건 잘 됐다네."

그러자 친구가 말했습니다. "그럼 됐구먼, 왜 자네는 성공한 일, 감사히 여겨야 할 기쁜 일에서 시작하지 않고 안 된 일, 짜증나는 일에서 시작하는가?"

농부는 가만 생각해 보니 과연 그랬습니다. 감사한 일부터 생각하고, 계산했다면 정말 기쁘게 한 해를 마무리 할 수 있는데, 망한 것부터 생각하니 그 뒤의 모든 좋은 것까지 우울해졌습니다.

감사할 줄 아는 것 자체가 하나님의 축복입니다. 감사할 조건들을 찾는 것 자체가 마치 보물찾기를 하는 것과 같은 기쁨입니다. 누가 감사를 찾을 수 있을까요? 성경에 나타난 감사의 인물을 통해 살펴보도록 합시다.

1. 오늘의 본문은 사무엘하 7:18-29입니다.

배경 : 다윗은 하나님의 법궤를 예루살렘 성으로 모셔놓았지만, 여전히 법궤는 성막, 텐트 안에 있는 것이 마음에 걸렸습니다. 그래서 하나님의 성전을 짓겠다는 마음을 갖습니다. 이에 하나님께서는 다윗의 이 마음이 아름답다고 칭찬하시고, 그러나 성전 짓는 것은 너에게는 허락지 않고, 네 아들에게 허락할 것이며, 장차 네 나라는 영원히 보전될 것이라고 축복하셨습니다. 이에 다윗은 하나님의 궤 앞에 가 앉아 기막힌 감사를 표하고 있습니다.

2. 감사의 축복을 누릴 수 있는 이는 어떤 이 일까요?

첫째, 자신이 누구 인줄 아는 이 입니다.(18)

"주 여호와여 나는 누구 오며, 내 집은 무엇이관데" 자신이 누구였는지, 어떤 처지였는지 아는 것은 매우 중요합니다. 다윗은 누구였습니까?

- 그러면 우리는 누구였습니까? 엡 2:11-12절을 봅시다.

- 그런데 지금은?

- 어떤 초신자가 예배당에서 계속 울고 있었습니다. 어느 집사님이 다가가서 왜 그렇게 울고 있느냐고 물으니 이렇게 울먹이며 대답하였습니다. "주님께서 나 같은 것을 하나님의 자녀로 택하셨다니요, 나 같은 것을 사랑하신다니요 ... 감사해서 견딜 수가 없어요." 이런 감격, 이런 감사를 드려 본

적이 있으십니까? 얼마나 맑은 감사입니까? 자신의 본 처지를 알고 이제 하나님의 자녀가 되었다는 사실에 얼마나 큰 감격입니까? 그런데 이 대답을 들은 집사님이 무어라고 했는지 아십니까? "난 또 뭐라고, 뭘 그런 걸 갖고 ..."

둘째로, 다윗은 현재에 만족할 줄 알았습니다.(18절b)

이에 이르게 하셨다! 현재에 만족하는 모습입니다. 그래서 하나님께서 자기에게 행하시고, 주신 복들에 감격하여 감사하였습니다.

어디 다윗뿐인가요? 우리 모두도 과거의 죄에서 용서해 주시고, 하나님의 자녀가 되게 했을 뿐만 아니라 병들고 가난하던 처지에서 오늘에 굶지 않고 헐벗지 않고 살게 된 것을 어찌 감사하지 않을 수 있습니까? 어렵던 시절, 못 먹고, 배고프고, 못 입던 시절, 생각나십니까? 한 가지씩 말해보고, 지금과 비교해 보십시오. 아이들이 상상이나 할까요?

어린 시절을 돌아보면 어찌 감사하지 않을 수 있습니까? 자족할 줄 아는 자, 현실에 만족하는 자에게 感謝의 金脈이 보이기 시작합니다.

셋째로, 다윗은 하나님의 계획과 뜻에 순종하였습니다.

사실 그는 자신의 소원이, 기도가 거절당했습니다. 성전을 짓겠다고 했는데 하나님께서 "너는 안 된다"고 거절하셨습니다. 그러나 다윗은 자신의 기도가 거절당했지만 하나님의 뜻에 순종하여 감사하였습니다. 자신의 뜻은 거절당했지만 하나님의 뜻을 받아들이는 이에게 감사가 있습니다.

자기의 뜻대로, 기도대로 이루어져야만 감사할 줄 아는 우리들과는 얼마나 차이가 있습니까? 그러기에 우린 다윗만큼 감사할 줄 모르는 것입니다. 다만 하나님의 뜻에 순종할 때 우린 얼마든지 감사할 수 있습니다. 이것이 비결입니다.

3. 이렇게 하나님의 뜻을 받아들이는 자가, 하나님의 약속을 믿는 자가 할 수 있는 기도가 있습니다. "이제 청하건대 종의 집에 복을 주사 주 앞에 영원히 있게 하옵소서. 주 여호와께서 말씀하셨사오니 주의 종의 집이 영원히 복을 받게 하옵소서."(29)

그렇습니다. 감사를 아는 이들, 그들이 이런 기도를 드릴 수 있습니다. 감격스러운 감사, 그리고 풍성한 감사 속에 **주의 은혜로 종의 집이 영원히 복을 받게 하옵소서!** 이 간구가 그대로 응답되기를 소망합니다.

☛ **내게 주신 은혜 나누기**

11월-44과

세미한 소리를 들으십니까?

＊ 찬 송 : 340장, 324장

인간의 역사는 신을 찾는 역사입니다. 인간의 문제들은 이러쿵저러쿵 말이 많지만 결국은 신, 하나님에 대한 문제로 이어집니다. 인간의 근원은 신에게 있기에 그러합니다.

그래서 성경에도 어려움 속에서 하나님을 열정적으로 찾는 이들의 모습이 많이 눈에 띕니다. 욥 같은 이는 "내가 어찌하면 하나님 발견할 곳을 알꼬 … "하면서 "내가 앞으로 가도 그가 아니 계시고, 뒤로 가도 보이지 아니하며, 그가 왼편에서 일하시나 내가 만날 수 없고 그가 오른 편으로 돌이키시나 뵈올 수 없구나"하며 이리 뛰고 저리 뛰고 합니다.

다윗도 역시 시42편에 보면 "하나님이여 사슴이 시냇물을 찾기에 갈급함 같이 내 영혼이 주를 찾기에 갈급하니이다. 내 영혼이 하나님 곧 살아 계시는 하나님을 갈망하나니 내가 어느 때에 나아가서 하나님의 얼굴을 뵈올까"하며 물을 찾아. 헐떡이는 사슴같이 하나님을 찾는다고 고백합니다.

이토록 찾아 헤매는 하나님, 어디 계실까요? 어떻게 하면 하나님을 만날 수 있을까요?

1. **엘리야, 이스라엘 최대의 선지자 엘리야가 지쳤습니다.** 엄청난 사역을 하면서 그도 인간인지라 지쳐버렸습니다. 요즘 말로 하면 슬럼프, 우울증에 빠졌습니다. 만사가 귀찮습니다. 그의 이러한 모습, 열왕기상 19:9-12에 있습니다. 읽어봅시다.

2. **40일을 걸어 호렙 산에 도착한 엘리야, 세상이 싫어서 어두운 굴속에 들어가 박혀버렸습니다.** 완전 의욕을 상실한 모습입니다. 이런 엘리야를 하나님께서 굴 밖으로 부르십니다. 그리곤 여호와의 산 앞에 서라고 명하십니다. 이 하나님의 명까지 거역할 수는 없는 일, 엘리야는 여호와의 산, 호렙 산위에 섰습니다. 그러자 그 앞에 여호와께서 지나가십니다.

   1) 첫 번째 광경이 뭡니까? 뭐가 지나갑니까?

   2) 두 번째 광경이 뭡니까?

   3) 세 번째 광경은 뭡니까?

   - 상상해 보십시오. 산 위에 섰는데, 엄청난 광경이 벌어집니다. 그것도 여호와께서 지나가시는 광경이라고 합니다. 강한 바람, 지진, 불! 인간이 두려움을 느끼고 경이감을 가질만한 그런 것들입니다.

   - 그런데 그런 엄청난 광경 안에 하나님이 계시다?

- 왜 하나님께서는 이런 엄청난 역사를 엘리야에게 보여주셨을까요? 아마도 그의 일생이, 그가 행한 일들이 그런 역사였을 겁니다. 엄청난 역사였지요. 그런데 주의사항, 그런 엄청난 능력을 행하였다고 거기에 하나님이 계시는 게 아니랍니다. 그런데 혹하지 말라는 겁니다.

- 그럼 하나님은 어디에 계십니까?(12)

3. **'세미한 소리'란 히브리어 원어상 "부드러운 침묵의 소리" 또는 "부드러운 바람 소리"란 의미입니다.** 단순한 바람 소리가 아닌 하나님의 임재가 실려 있는 그런 부드러운 바람 소리, 침묵의 소리가 엘리야에게 들려옵니다. 그 소리에서 그는 하나님을 만납니다.

많은 사람들이 하나님을 굉장한 사건 속에서 찾으려고 합니다. 신비한 능력 행함 속에서 찾으려고 합니다. 몸부림치고, 요동하며 찾으려고 합니다. 죽어 가는 사람 살려내야 하나님께서 함께 하신 줄 압니다. 이상한 것을 보여주고, 멀쩡한 사람 기절시키고, 공중에 띄우고 해야 하나님의 능력인 줄 압니다. 과거를 훤히 꿰뚫어 보면 하나님 대하듯 합니다. 그러나 그 속에 반드시 하나님이 계시다고 생각하면 오산입니다.

복음서에 보면 예수님은 종종 새벽길을 나섰고, 산에 오르셨고, 광야로 나가셨습니다. 왜? 고요한 시간, 고요함 속에서 하나님의 음성을 듣기 위해서! 침묵 속에 고요하게 다가오는 세미한 하나님의 음성을 듣기 위해서!

"그 분의 목소리"란 시가 있습니다.

"그 분의 목소리는 낮고 낮아서 / 고요하지 않으면 / 들을 수 없다. / 그 분의 목소리는 작고 작아서 / 고요하지 않으면 / 들을 수 없다. / 꽃피는 소리 그 소리처럼 / 마음이 정치 않음 / 들을 수 없다. / 사랑하는 맑은 그 맘 없이는 / 그 분의 소리 / 들을 수 없다." (신달자)

가을입니다. 바람결에 들려오는 주님의 음성, 그 부드러운 침묵의 소리를 듣기 위해 고요한 시간을 찾아, 고요한 장소를 찾아 떠나봄이 어떠십니까? 골방도 좋고, 기도실도 좋고, 자연 속이라면 더 좋고, ... 부드러운 바람결에 실려 오는 주님의 음성, 여러분을 행복하게 하는 이 가을의 축복이 되기를 원합니다.

☛ **내게 주신 은혜 나누기**

11월-45과

진짜 누가 주인입니까?

*** 찬 송 : 335장, 38장**

이 세상에서 가장 무서운 동물은? 맹수라고 생각하는데, 그러나 동물학자에 의하면 가장 무서운 동물은 돼지와 인간이라고 합니다. 다른 동물들은 모두 먹는 것이 한정되어 있는데 유독 돼지와 인간은 잡식성 동물로 못 먹는 게 없답니다. 초식성 동물은 아무리 배가 고파도 채식만 하고, 육식성 동물은 언제나 육식만 하며, 그것도 먹는 것과 안 먹는 것이 구분되고 한정되어 있습니다. 그런데 돼지와 인간만은 무엇이든지 닥치는 대로 먹어 치워 한계가 없기에 가장 무서운 동물이라고 합니다.

그렇습니다. 우리는 모두 무섭고 잔인한 동물입니다. 우리 안에 이성(理性)이 없다면, 우리 안에 양심(良心)과 윤리(倫理)가 없다면, 우리 안에 주의 말씀이 없다면 은 우리 인간은 가장 무섭고 냉정한 동물입니다.

요즘 문학계, 예술계에서 인간성을 그대로 표현하는 것이 참 자유요 예술이라고 하여 이것을 억제하고 제재하는 것이 마치 인간성 억압이라고 말합니다. 인간 본성의 자유롭고 솔직한 표현을 높이 삽니다.

위험한 짓입니다. 인간은 본성이 훌륭하고 아름다운 것이 아니라 이성과 신앙, 절제와 극기가 있기에 아름다운 것입니다. 만약 이것이 없

다면 인간은 가장 무섭고 추한 동물입니다. 이러한 면을 유감없이 보여주는 성경의 내용이 오늘 본문입니다.

1. 사도행전 16:16-25을 묵상합시다.

2. 본문에서 찾아봅시다.

1) 바울과 실라가 빌립보 도시에서 전도하다가 누구를 만납니까?(16)

2) 그 여종이 뭐라고 하며 바울을 쫓아다닙니까?(17)

3) 감사한 일 아닙니까? 바울이 바로 그것을 전하러 빌립보까지 왔는데, 그 여종이 대신 크게 떠들어주니 얼마나 감사한 일입니까? 그래서 바울이 감사했습니까?

4) 왜 그걸 금했습니까? 예전에 예수님도 그걸 금한 적이 있습니다. 귀신들이 예수님을 향해 떠드는 것을 '시끄럽다, 잠잠해라'하며 금지시킨 적이 있습니다. 왜 그러셨을까요?

5) 그 여종을 바울은 어떻게 했습니까?(18)

6) 귀신이 떠나자 이 여종은 더 이상 무엇을 못하게 되었습니까?

7) 이게 누구에게 문제가 됩니까? (19)

8) 여종의 주인은 한 명입니까?(16,19)

9) 그런데 이 여종은 그동안 누구의 힘으로 점을 쳤습니까?(16)

10) 그걸 이용해 누가 돈을 벌었습니까?(19)

11) 그러니까, 귀신을 이용해 돈을 번 이들은 누구입니까?

12) 귀신이 무섭습니까, 인간이 무섭습니까?

13) 귀신이 주인입니까, 인간이 주인입니까?

3. **성경이 우상 숭배를 금한 이유를 아십니까?** 실제 주인이 신이 아닌 인간이기 때문입니다. 무슨 신, 무슨 신 하지만 그 신은 허수아비이고 그 뒤에서 조종하는, 이용하는 인간이 주인입니다. 포이에르바하라는 철학자는 "종교는 인간의 심성이 투영되어 만들어진 인간의 작품"이라고 했습니다. 그러기에 종교마다 신화가 있어서 신이 어떻게 만들어 졌다느니, 신들이 결혼하고, 이혼하는 등 인간과 같은 이야기들이 많습니다.

그러나 성경은 하나님이 어떻게 만들어졌고, 신들의 세계가 어떻고 저떻고 하는 이야기가 없습니다. 그 세계는 인간의 사고가 미치지 못하는 참 세계이기 때문입니다. 가끔 하나님의 은혜로 그 세계를 들여다 본 선지자들은 있지만, 그들도 인간의 언어로 표현할 수 없다고 완전히 인간의 세계와 단절된 별세계임을 증거 할 뿐입니다.

그러나 우상의 세계에선 그렇지 않습니다. 주인이 신이 아니기에, 실제 주인이 인간이기에 인간의 사고가 영향을 끼칩니다. 이것을 성경은 금합니다. 인간이 인간을 숭배해선 안 됩니다. 숭배는, 찬양은 오직 하나님만이 받을 것입니다.

=> 누가 진짜 주인입니까? 우리는 오늘 성경에 나오는 사악한 무리들처럼 자신이 주인이 되어 있지 않습니까? 하나님을 섬긴다면서 실상은 자기 자신이 주인이 아닙니까? 주인이신 예수님의 말씀에 순종한다고 하면서 자기 자존심, 명예심에 복종하여 자기가 스스로 주인인 것은 아닙니까?

진정 하나님이 주인인 사람, 오직 하나님만을 두려워하고 하나님께 모든 것을 맡깁니다. 언제나 하나님의 눈만을 의식하여 진실과 정직의 길을 걷습니다. 여러분의 진짜 주인은 누구입니까? 궁극적으로 자신의 감정을 다스리고, 마음을 다스리고, 이성을 다스리시는 참 주인은 누구입니까?

예수 그리스도! 이 분이 우리의 주인이십니다! 아멘!

☛ 내게 주신 은혜 나누기

주 내 맘에 오신 후에

주 날 인도하시네

주께 내 맘 드린 후에

더욱 섬길수록 더 귀한 주님

더욱 섬길수록 더 귀한 주님

더욱 사랑할수록 주 날 사랑해

매일 내 맘에 기쁨 넘치네

더욱 섬길수록 더 귀한 주님

더욱 섬길수록 더 귀한 주님

더욱 사랑할수록 주 날 사랑해

매일 내 맘에 기쁨 넘치네

더욱 섬길수록 더 귀한 주님

11월-46과

두드리다 안 될 때에

*** 찬 송 : 379장, 384장**

생각대로 잘 안된 것들이 많지요? 정말 많이, 그것도 간절히 기도해 왔는데 이상할 정도로 응답이 없는 경우가 있지요? 올 한 해도 이제 저물어 가려고 한 달 밖에 남지 않았는데, 얼마나 많은 기도 응답을 얻으셨습니까? 별로인 분들이 있을 겁니다. 어찌된 일일까요?

1. 오늘은 사도행전 16:6-10을 묵상해 봅시다.

2. 사도 바울의 2차 전도 여행 때의 일입니다.

1) 성령께서 어디에서 말씀을 전하지 못하게 하셨습니까?(6) 거기는 현재 어딘 줄 아십니까?

2) 그래서 어디로 갔습니까?(6-7)

3) 무시아에서 어디로 가려고 했습니까?(7) 지도에서 찾아보세요.

4) 그랬더니 이젠 누가 허락지 않습니까?(7)

5) 그러니까 이들은 아시아인 밑으로도 내려가지 못하고, 비두니아, 북으로도 올라가지 못하고 어쩔 수 없이 어느 방향? 네 서쪽으로 갔습니다. 그랬더니 어느 도시가 나왔습니까?(8)

6) 드로아까지 왔습니다. 그랬더니 여기는 항구입니다. 더 나아갈 수 없습니다. 정말 이상하지요? 전도하겠다고 고향을 떠나 그 고생을 하며 걸어서 걸어서 그 엄청난 길을 나섰습니다. 바울이 보기에 당대 중심지인 아시아, 즉 터키 지역의 에베소를 비롯한 몇 대(大)도시만 전도하면 그 지역은 금새 복음화 될 것 같아 그토록 열정적으로 달려갔는데, 성령께서 막았습니다. 할 수 없이 사람들이 많이 사는 북쪽으로 계속 올라가려 했더니 이번엔 예수님의 영이 막았습니다. 그리곤 겨우 한 길을 열어주어서 그 길 따라 왔더니 바다가 나왔습니다. 세상에 이럴 수가!

더 이상 나아갈 데가 없습니다. 하나님께서는 대체 왜 여기로 인도하셨단 말입니까? 더 나아갈 데도 없고, 갈 데도 없는데?

7) 아마도 정말 드로아에서 할 일이 없었던 듯 합니다. 그래서 잠을 잤겠죠. 그랬더니 어느 날 환상이 보입니다. 어떤 환상?(9)

- 마게도냐 사람은 어떤 사람입니까?
- 그러니 이 환상의 의미는 무엇입니까?

- 그래서 사도 바울 일행은 마게도냐로 떠나기를 어떻게 했답니까?(10)
- 그냥 가면 됐지, 왜 그랬을까요?

3. **선한 뜻이었습니다.** 그래서 나섰습니다. 고생도 마다않고 주님을 위해 나섰습니다. 그런데 자꾸 주님이 길을 막습니다. '주님, 왜 이러십니까?' 묻고 싶을 정도입니다.

그러더니 기껏 인도하신 데가 바닷가입니다. 더 나아갈 데가 없는 곳입니다. 맥이 풀려 잠이나 자고 있는데, 환상이 보입니다.

그리곤 그 환상으로 사도 바울은 비로소 어디를 보게 됩니까? 바울의 세계관은 어디까지가 경계였습니까? 그런데 이제는 어디를 바라봅니까?

다시 물어봅시다. 주님은 왜 바울의 열정, 그 방향을 자꾸 막으셨습니까? 왜 바울의 의도와는 전혀 다른 곳으로 이끄셨습니까? 막상 와보니 바울 자신이 보기에 한심해 보이는 그곳, 그곳에서 주님은 무엇을 보여주십니까?

4. **참 많이 기도했습니다.** 그런데 내가 기대한 대로 되지 않았습니다. 참 많이 속상합니다. 그래서 되는 대로 결국 따라왔습니다. 그런데 아직도 응답해 주시지 않은 이유를 모르겠는데, 지금의 현실은 더 더욱 이해 못하겠습니다. 주님께서 왜 이러셨을까? 이제 나는 어떻게 하는 것이 지혜로울까요?

5. 우리가 가는 길, 우리가 잘 알지 못합니다. 길 찾기 게임을 해 보셨습니까? 분명히 이 길이 중심부에 연결되어 있을 것 같은데, 실지로 나름대로 확신을 갖고 줄을 긋다 보면 얼마 못 가 벽이 나오곤 합니다. 인생도 그렇지 않습니까? 미로(迷路)입니다.

분명한 사실은 우리는 미로 안에 있다는 것과 미로의 끝을 보지 못한다는 것입니다. 내 인생의 벽 저 편을 보지도 알지도 못합니다. 그러나 하늘에서 내 인생을 내려다보고 계시는 하나님은 나의 인생 미로 전부를 보고 계십니다. 그리곤 나를 인도하십니다. 이 신실하신 나의 인생의 인도자 하나님을 신뢰하십시오. 인생의 미로에 선 우리를 향하여 성경은 이렇게 말합니다. 시32:8! 시37:5-6!

두드리다 안 될 때에 잠시 생각해 보십시오. 그리고 눈을 현실에서 내 영혼의 목자, 그 능하신 하나님께로 돌리십시오. 주님께서 보여주실 겁니다. 깨닫게 해 주실 겁니다. 신뢰하십시오.

☛ **내게 주신 은혜 나누기**

11월-47과

기다리는 사람들

*** 찬 송 : 176장, 180장**

기다리는 사람들, 우리 주위에는 기다리는 사람들이 많습니다. 복권이 당첨되기를 기다리는 사람부터 시작하여, 결혼하기를, 권좌에 오를 날을, 한 밑천 잡기를, 남북이 통일되기를, ... 기다리는 사람들이 얼마나 많은지 모릅니다.

그러나 뭐니뭐니해도 가장 끈질기게 기다리는 사람들은 그리스도인들입니다. 무려 2000년 동안을 기다리고 있습니다. 그 정도 기다렸는데도 이루어지지 않았다면 공수표 난 줄 알고 포기할 만도 한데 이상하게도 그리스도인이다 하면 누구나 기다립니다. 뭘?

주님께서 다시 오마 하신 약속이 이루어질 것을 기다립니다. 곧 다시 오신다고 하셨기에 한 두 해 후에 오실 줄 알았는데, 그 뒤로 2000년이 흘러가 버렸습니다. 이젠 지칠 만도 한데 어김없이 그리스도인들은 기다립니다. 왜 그럴까요?

그리스도인 자신의 의지가 아닙니다. 성령께서 심어 주신 확신입니다. 사실 예수님의 초림도 성경적 날수로 계산하면 4천년 동안을 기다린 것입니다. 그런데 정작 예수님께서 이 세상에 오셨을 때 그 예수님을 맞이한 사람은 몇 명되지 않았습니다. 모두 기다린다고 하면서도 그들은 실상 기다리지 않은 것입니다. 모두 제각각 자기의 삶에 취해 있었지, 하늘의 역사에 둔해 있었습니다.

이러한 역사가 반복되지 않으리란 확신이 없습니다. 주님의 초림 때 있었던 그 무관심이 재림 때도 그대로 이루어질지 모릅니다. 무서운 것은 초림 때는 예수님의 오심을 몰랐어도 괜찮았지만, 재림 때는 그것을 모르고 준비하지 않은 이들은 무서운 심판에 들어간다는 사실입니다.

그러기에 오늘 예수님은 당신께서 재림하실 때를 생각하시며 몇 가지 중요한 것을 우리에게 가르쳐 주십니다.

1. 오늘 본문은 마태복음 24:32-51입니다. 묵상합시다.

2. 본문에서 우리가 배울 것을 정리해 봅니다.

1) 그 날은 반드시 올 것입니다. 그러나 그 날을 정확하게 계산하려고 하지 마십시오. 그 날은 아무도 모릅니다. : 오늘 본문 어디에 있습니까?

- 우리 생에 분명히 옵니다, 그러나 언제인지 정확히는 모릅니다. 다만 짐작을 합니다. 징조를 느끼게 되면 더욱 실감이 납니다. 뭐일까요? 죽음입니다!

- 주의 재림도 마찬가지 입니다. 정확한 날은 아무도 모릅니다. 다만 그 날이 분명히 오고 있음을 확신하는 이들은 생을 의미 없이 보내지 않습니다. 하루하루가 새롭고, 감사합니다. 종말론적인 삶, 바로 그런 삶입니다. 그렇게 사십시오.

2) 주님이 오실 때 노아의 때와 같다고 합니다. : 이 말씀은 무슨 의미일까요?(37-39)

- 예수님을 잊지 마십시오. 아무리 바쁘고 즐거워도 예수님을 잊지 마십시오. 경고 받고도 태연히 살다가 어느 날 갑자기 ....

3) 주님이 오실 때 어떤 이는 데려가고 어떤 이는 버림받을 것입니다.(40-41) 왜 그럴까요?

- 세상에서 똑같이 살았다고, 똑같이 일했다고 같이 구원을 얻는 것이 아닙니다. 분명 구원함을 얻는 이와 버림을 당하는 이가 있는데, 그들은 어쩌면 한 직장에서 사이좋게 일하고 살았을 것입니다. 한 뜻으로 함께 투자해서 공동으로 사업을 하고 있었을 것입니다. 마음이 맞아서 한 이불을 덮고 살았을 것입니다.

그러나 주님께서 오실 때에 그들은 영원히 헤어질 것입니다. 왜? 한 사람은 예수 그리스도에 대한 믿음으로 영생이 있었고, 다른 사람은 그러한 영적인 가치와 신앙을 우습게 여겼기 때문입니다. 언제까지 같이 있을 줄 알았는데, 검은머리가 파뿌리가 될 때까지 같이 있을 줄 알았는데, 영원히 헤어질 것입니다.

3. 이런 설교 듣고도 교인들 간에는 이런 사람이 있습니다. "설마하니 당장에 오시겠어? 어쩌면 그것은 상징적인 말 일거야. 어차

피 죽으면 천국에 가서 예수님 만날 텐데 살아 있는 동안에는 즐겨야지" 이러한 사람을 염두에 두시고 예수님은 이렇게 말씀하시며 끝을 맺었습니다. 48-51절!

'설마 하니'하는 이들은 주님께서 '엄히 때린다'고 합니다. 이 말씀은 둘로 쪼갠다는 뜻입니다. 엄청난 고통이 있다는 뜻이죠. 준비하십시오. 성경은 늘 종말을 생각하며 '깨어있으라', '준비하라'하십니다.

깨어 준비하며 기다리십시오. 세상에서 가장 아름다운 사람은 기다리는 사람이라고 여겨집니다. 특별히 사랑하는 이의 약속을 믿고 기다리는 사람, 누가 뭐라 하여도 굳게 믿고 기다리는 사람, 그 아름다움! 그 눈망울! 그 잠잠한 표정!

주님의 약속을 믿고 오늘도 주님의 다시 오심을 기다리며 이 땅에서 경건한 하늘 백성의 삶을 사는 이들에게 하늘로 임하는 은총과 권세가, 놀라운 깨달음의 기쁨이 이번 대강절 기간 중에 충만하기를 소망합니다.

☛ 내게 주신 은혜 나누기

12월-48과

주의 길을 예비하라

*** 찬 송 : 94장, 95장**

모더니즘이 태동한 18, 19세기를 지나면서 인간은 긍정적이고, 핑크 빛 역사관을 갖게 되었습니다. 인간의 이성이 강조되고, 교육이 중시되며, 인간은 이성을 사용하여 얼마든지 낙관적인 역사를 펼쳐 갈 것이라고 생각하였습니다. 굳이 하나님이 없어도 인간은 파라다이스를 이룰 수 있다는 생각을 한 것입니다. 그래서 주기도문을 이렇게 변형하기도 하였습니다.

"하늘에 계신 하나님 아버지, 아버지는 그냥 그곳에 계시옵소서. 이 땅은 우리들의 세계이오니, 이곳에서 우리가 지지고 볶든 우리 일이니 우리가 잘 알아서 하겠습니다. 그러니 하늘에 계신 하나님 아버지, 아버지는 영원히 그곳에 계시옵소서."

이러한 역사관은 결국 두 차례에 걸친 세계 대전과 지구촌 곳곳에서의 전쟁으로 무참히 깨어지고 말았습니다. 우리는 역사에 대해 바른 안목을 가져야 합니다. 잠시 잠간의 현상을 놓고 이러쿵저러쿵할 것이 아니라, 인간의 역사는 어떻게 흘러가는지 바른 역사관을 바로 가져야 합니다.

1. **이스라엘 백성들이 그러했습니다.** 그들은 자신의 역사에 대해 자신 있었습니다. 잘 될 것이고, 무한정 자신들은 뻗어나갈 것이라고 믿었습니다. 그래서 자신들의 죄악을 지적하며 회개하라는 선지자들의 경고를 우습게 여기었습니다.

그러다 마침내 바벨론에 의해 모든 것을 빼앗기고 말았습니다. 똑똑한 이들은 대부분 다 바벨론에 끌려갔습니다. 그곳에서 비참한 생활을 했습니다. 이러한 때에, 절망적인 이때에 하나님께서는 그들에게 현실의 절망을 보지 말고 하나님의 구원의 역사를 기대며, 소망을 가질 것을 말씀하셨습니다. 그것이 바로 오늘 본문 이사야 40:1-11입니다. 묵상합시다.

2. **1) 이스라엘 백성들을 어떻게 하라고 하십니까? (1)**

2) 왜 그렇게 하라고 하십니까? (2)

3) 오늘 본문은 잘 살펴보면, 이스라엘을 위로하기 위해 누군가가 오는 것 같이 묘사하고 있습니다. 어떻게 묘사하고 있습니까?(10-11)

4) 짐작하시겠습니까? 그는 누구일까요?

3. **그 분께서 오시기 위해 미리 준비를 하라고 합니다.** 길을 예비하라고 합니다. (3-5)

1) 골짜기마다 어떻게 되며?
2) 언덕마다 어떻게 되며?
3) 고르지 않은 곳이 어떻게 되며?

-> 지형이 이렇다고 주님이 못 오십니까? 지형을 말하고 있는 것은 아닐 겁니다. 아마도 이건 백성들의 마음, 우리들의 마음상태를 말한 겁니다. 그렇다면 예수님을 맞이하고픈 이들의 마음 작업을 어떻게 해야 합니까?

ㄱ. 패인 골짜기 같은 마음을 돋우어야 합니다. 마음에 패인 상처, 원한, 증오, 불신의 골짜기가 돋우어져야 합니다.

ㄴ. 언덕을 낮추듯이 주님의 오심을 맞이하려는 사람은 겸손해야 합니다. 하나님은 교만한 자를 물리치시고 겸손한 자에게 은혜를 베푸시기 때문입니다.

ㄷ. 굽어진 마음, 비뚤어진 생각, 부정적인 자세를 고쳐야 합니다. 주님 앞에서 쉽게 '아멘'하는 자가 복을 받습니다. 언제나 색안경을 끼고 듣고, 비판이나 하려하고, 자기가 그러니 남도 그럴 것이다 하여 늘 부정적인 의식을 갖고 사는 이는 주님 맞이하기 어렵습니다.

4. 이렇게 준비를 하고나서는? (9)

5. 인간의 역사는 인간의 뜻대로 흘러가지 않습니다. 인간이 역사를 주도하지도 않습니다. 인간은 하나님의 섭리의 손길에 따라 가고 있을 뿐입니다. 그러기에 하나님의 뜻을 따라 사는 이에겐 예수님의 재림으로 도래할 완전한 하나님의 나라는 축복의 역사가 될 것이고, 하나님의 법도를 벗어나 제 멋대로, 제 양심대로

사는 이에겐 앞으로 임할 재림의 역사는 저주와 두려움의 종말의 역사가 될 것입니다.

우리는 역사를 바로 보아야 합니다. 역사를 바로 보기 위해선 과거를 무시해서는 결코 안 됩니다. 과거, 예수님께서 처음으로 이 땅에 오셨던 그 때를 살펴보고, 그 분의 말씀을 경청하고, 우리의 삶을 그 분의 뜻에 맞게 조율해야 합니다. 그리곤 이제 앞으로 다가올 주님의 재림을, 그 완성된 하나님의 나라를 조용히 맞이할 준비를 해야 합니다.

성탄절이 가까옵니다. 재림을 준비해야 하듯이, 성탄도 마음과 생활에서 준비합시다. 그러면 준비한 만큼 더 큰 은혜와 축복이 있을 겁니다. 후회 없이 아기 예수님을 내 마음에 모실 수 있도록 내 마음을 정리, 준비합시다.

☛ 내게 주신 은혜 나누기

12월-49과

울며 씨를 뿌리고 기다리는 자

*** 찬 송 : 104장, 105장**

1. 시편 126:1-6을 묵상합시다.

이 시편은 이스라엘 백성들이 바벨론에 포로로 끌려가 온갖 고생을 하다가 드디어 풀려나서 조국 이스라엘로 돌아와서 구원받은 희열을 기쁨으로 노래한 것입니다.

이스라엘은 바벨론 포로에서 3차례에 걸쳐 돌아왔습니다. 1차는 스룹바벨의 인도로 돌아왔고, 2차는 에스라의 인도로, 그리고 3차는 느헤미아의 인도로 돌아왔습니다. 아마도 이 시는 2차로 돌아온 에스라가 감사함 속에 지은 것으로 여겨집니다.

그러기에 시 126편은 두 부분으로 나누어지는데, 앞부분은 이미 돌아온 것, 바벨론에서 해방되어 돌아오게 되었을 때를 회상하며 기쁨으로 노래하는 것이고, 뒷부분은 아직 돌아오지 못한 이들에게도 은혜를 베풀어 달라는 간구로 되어 있습니다.

2. 한 절씩 음미해 봅시다.

1 : 해방, 찾아온 자유가 꿈꾸는 것 같다고 합니다. 기도는 끊임없이 해 왔지만, 너무나 갑자기, 감격적으로 그것이 이루어졌기에 꿈꾸는 것 같다는 것입니다.

2 : 백성들이 좋아하는 모습이 어떻게 표현되어 있습니까?

3 : 큰 일! 정말 이루어지기 힘든 큰일이었습니다. 그런데 그게 이루어졌습니다. 누구에 의해서? 출 14:13과 시 46:10을 묵상해 보십시오.

4 : "남방"은 일명 '네게브'로, 이스라엘 남쪽의 사막 지대를 말합니다. 평소엔 메마른 광야인데, 우기에 도도히 흘러가는 큰 물줄기를 이루는 곳입니다. 메마른 세월, 메마른 가슴으로, 메마른 삶을 살아가고 있는 남은 포도들, 우리 동족들을 어느날 갑자기 거침없는 큰 물줄기가 생기듯 그렇게 흘러 돌아오게 하옵소서 하는 소망입니다.

5-6 : 그 때까지 울 수밖에 없는 현실, 그러나 그 상황에서 씨를 뿌립니다. 소망을 뿌립니다. 누구를 의지하고? 반드시 추수하게 하시고, 열매 맺게 해 주실 하나님을 의지하며! 현실을 보고 좌지우지 하는 게 우리들 아닙니다. 하나님을 신뢰하고 미래를 내다보며 움직이는 게 우리들 입니다.

3. 오늘에 적용

1) 오늘 본문은 그리스도의 초림과 재림에 연주어 은혜 받을 수 있습니다. 성탄절 초림으로 우리는 1-2절의 기막힌 환희를 맛보았습니다. 그리고 이제 아직 구원받지 못한 형제와 자매들을 위해 3-4절의 기원을 끊임없이 주님께 아뢥니다. 그러면 5-6절은 뭡니까? 그리스도의 재림을 기다리는 것입니다.

2) 5-6절은 '울며, 씨를, 뿌린다!' 로 요약됩니다.

그리스도의 재림을 기다리는 자는 울면서 씨를 뿌립니다. 주님의 재림을 말하면 친구들이 조금 정신 이상한 자처럼 보지 않던가요? 다시 오실 주님을 말하면 사회에서 좀 덜떨어진 사람으로 여기지 않던가요? 그래서 한없이 속상하지 않던가요? 그래서 눈물이 따릅니다. 속히 이루어지지 않음에 거짓말한 것 같아 마음이 상합니다.

그래도 우리는 씨를 뿌립니다. 열매가 아니라 씨앗입니다. 씨앗은 열매를 보기 전에는 볼품이 없습니다. 도대체 이 씨앗에서 어떤 굉장한 것이 맺힐지 모릅니다. 그래서 사람들은 씨앗을 우습게봅니다. 그러나 씨앗에는 엄청난 생명력이 들어있습니다. 재림을 말한다는 것은 아직은 열매가 아니고 씨앗이기에 사람들이 그 중요성을 모르고 무시를 합니다. 어쩌면 당연한 것입니다.

그러나 눈물이 나고, 사람들이 알아주지 않지만 그래도 그것을 우리는 뿌려야 합니다. 뿌려야 한다는 것은 사명이 주어졌다는 것입니다. 눈물을 흘리면서라도, 사람들이 알아주지 않을지라도 뿌려야 하는 사명이 우리에게 주어져 있습니다. 그동안 사이비, 이단들이 너무 극성을 부려서 주님의 재림을 말하면 모두 이상하게 쳐다보지만 그래도 우리는 말해야 할 것을 말해야 합니다. 사이비가 많을수록 올바른 것을 말해야 합니다.

4. 오늘 이 시편 126편은 "성전에 올라가는 노래"라고 부제가 걸려 있습니다. 백성들이 모두 성전에 올라가며 부르는 찬송입니다. 이번 성탄절에 교회로 향하면서 이 노래를 부르십시오. 초림의 예수, 성탄절의 그 기쁨과 은총, 축복을 노래하십시오. 그 꿈같은 구원의 은혜를 노래하십시오.

그러면서 동시에 이렇게 기도하십시오. "주님께서 다시 오실 때도 이처럼 찬송 부르며 맞이할 수 있게 해 주옵소서. 정말 그날에 주님을 뵈올 때 양심에 부끄러움이 없게 하옵소서. 주님 언제 오시더라도 '할렐루야, 주님 어서 오시옵소서'라고 할 수 있게 하옵소서. 지금처럼 나의 온 가족이 함께 주님을 맞이할 수 있게 하옵소서. 비록 신앙생활 제대로 한다는 것이 직장에서 비웃음을 사고, 학교에서 손가락질을 당하는 것이라 할지라도 주님 오실 때까지 의연하게 바른 믿음의 생활을 하게 하옵소서.

그리고 주님의 다시 오심을 아직 모르는 이들에게 전할 수 있게 하옵소서."

눈물로 뿌린 씨앗들이 풍성한 열매로 이번 성탄절에 한아름 주어지기를, 그리고 주님의 재림을 기다리고 증거하는 여러분에게 그날에 이렇게 기도한대로 이루어지기를 진심으로 소망합니다.

☛ **내게 주신 은혜 나누기**

12월-50과

별을 따라가는 인생

＊ 찬 송 : 116장, 123장

한 번은 12월 24일 밤에 백화점 슈퍼마켓에 간 적이 있습니다. 많은 사람들이 북적거리고 있었는데, 그 중에 야채와 과일을 파는 곳에서 유난히 한 장사꾼이 마이크를 잡고 손님을 끌고 있었습니다. “성탄의 기쁜 소식을 알려 드리겠습니다!”하고 큰 소리로 외치기에 장사꾼이 웬일로 전도를 하려나 해서 들어보았더니 “이제부터 야채와 과일을 반값에 드리겠습니다!” 합니다. 이것이 성탄의 기쁜 소식이랍니다.

우스운 생각이 들어서 조금 더 말하는 것을 들어보았습니다. “오늘 밤은 매우 좋은 밤입니다. 고요한 밤 거룩한 밤 어둠에 묻힌 밤, 산지에서 바로 올라온 기가 막힌 밤입니다”

성탄절에 대한 반응도 가지가지이다 하는 생각이 들었습니다. 아마도 성탄절을 제일 간절하게 기다린 사람들은 이런 장사하는 이들일 것입니다. 성탄절은 백화점에 제일 먼저 오고, 다음에 카드 가게와 선물 가게, 그리고 술집, 제일 늦게 교회에 온다고 합니다. 그리스도인 이상으로 성탄절을 기다린 사람들은 장사하는 이들입니다.

1. 기다리는 사람들, 마태복음 2:1-12을 묵상합시다.

2. 동방박사들이 나옵니다. 어떤 이들인지 살펴봅시다.

1) 관심을 하늘에 두고 살던 사람들 : 페르시아 점성가, 즉 천문학자들로 추측됩니다. 이들이 왜 하늘의 별을 연구합니까? 세상 이치가, 세상의 변화가 하늘에 나타난다고 믿고 살던 이들입니다. 비록 율법도, 하나님도 모르는 이들이지만, 그러나 눈길만은 하늘을 향해 살던 사람입니다.

하나님께서 모든 짐승을 네 발로 땅에 기어 다니게 만들고, 유독 인간은 두 발로 땅을 딛고 머리를 하늘로 향하여 살게 만든 이유는 무엇일까요? 인간은 모름지기 땅에 발을 대고 살지만, 그 이상만은, 그 꿈, 관심만은 위로, 하늘에 두고 살라는 뜻입니다. 다른 짐승들은 모두 고개를 땅으로 향하고, 오직 땅 땅 하면서 아래에 관심과 이상과 행복을 두고 살다가 땅 속에 묻혀서 사라지지만 인간은 아닙니다!

"위의 것을 생각하고, 땅의 것을 생각하지 말라"(골3:2) 인간은 위의 것을 생각하고 위의 것을 추구하며 사는 영적 존재입니다. 여러분의 온통 관심은 어디에 있습니까? 오늘도 오로지 돈입니까? 하늘을 바라보며, 좀 더 가치 있고, 영원한 것을 사모하며 사십시오.

2) 확신과 믿음을 갖고 길을 떠난 사람들 : 하늘의 별이 곧 메시아 탄생의 사인임을 알자 주저 없이 그것을 찾아 길을 떠납니다. 우리가 걷는 신앙의 길, 역시 마찬가지입니다. 우리는 하나님께서 각자에게 보여 주시고, 느끼게 해 주신 그 싸인

들, 감동들을 믿으며 순례의 길을 떠난 사람들입니다. 이 신앙의 길이 참된 길이며, 여기에 분명 생명이 있다고, 행복이 있다고, 참된 가치, 진리가 있다고 걸어가는 사람들입니다. 그런데 어떤 이는 감동이 확실히 오는데도 여전히 길을 떠나지 못하고 주저주저하고 있습니다. 평생 더 큰 은혜와 축복을 맛보지 못할 겁니다.

3) 분명한 목적, 경배를 위해 길을 떠난 사람들 : 길을 떠나며 그들이 챙긴 것이 있습니다. 황금, 유향, 몰약! 대단한 것입니다. 그러나 자기들이 찾아 나선 이는 이것을 받을 가치가 있는 분이라 확신하고 길을 떠났고, 마침내 마구간에서 만나 뵙고는 주저하지 않고 무릎을 꿇고, 예물을 드리고 돌아갔습니다. 그러니까 오로지 경배, 그 분 앞에 무릎 한번 꿇으려고 그 먼 길을 떠난 사람들이었습니다.

교회에 나오는 목적이 무엇입니까? 사업이 잘 안돼서? 집안이 뒤숭숭해서? 휴일인데 특별히 갈 데도 없고 해서? 사업상? 사람 만나려고? 좋습니다. 그러나 그것 보다 더 좋고, 옳은 자세가 있습니다. 나를 위하여 이 땅에 오신 그리스도 예수님께 경배하기 위하여! 예배하기 위하여! 동방박사는 이런 축복 받을 만한 사람들이었습니다.

3. 그들의 실수

1) 동방박사들은 별을 따라 오다가 이스라엘 땅에 들어서서 어디로 직행합니까?(1)

2) 왜 그리로 갔을까요? (2)

3) 그 결과 그들이 초래한 비극은? (16)

- 별은 분명히 그들을 아기 예수님께로 이끌고 있었습니다. 베들레헴으로! 그러나 그들은 그 별이 유대인의 왕의 별이란 사실을 알고, 유대 땅까지 이르자, 스스로의 판단으로 별이 없던 낮에, 예루살렘으로 갔던 것입니다.

하늘의 계시를 따르는 곳에 메시아를 만나고, 인간의 추리를 따르는 곳에 불의의 참변이 옵니다. 성령의 감동으로 시작한 순례의 길이라면, 평생 성령의 감동을 따라가십시오. 자기 생각, 지식, 내세우지 말고, 성령의 감동으로 따라가 메시아를 만나는 축복을 누리기 바랍니다.

☛ **내게 주신 은혜 나누기**

12월-51과

내 눈이 주의 구원을 보았사오니

*** 찬 송 : 126장, 94장**

* 누가복음 2:22-35을 묵상합시다.

1. 산모의 정결예식은 뭘까요?(레 12:1-8)

1) 아들 낳은 산모는 40일간 부정, 그러면 딸 낳은 산모는?

2) 이 기간이 지나면 성전에 올라가 제물을 드리며 정결예식을 거행하는데, 제물은 1년 된 어린양, 그러나 가난한 이들은 비둘기 한 쌍, 또는 어린 비둘기 2마리.

3) 이것으로 보아 요셉, 마리아 부부는 부자인가요, 가난한 이인가요?(24)

-> 가난하고 어렵다고 하나님께 드려야 할 의무를 게을리 하지 않은 좋은 믿음의 부부였습니다. 부족한 사람이면 부족한대로 성의를 다해 도리를 다하도록 성경은 권하고 있습니다. 그것이 하늘의 복 받는 비결입니다.

2. 예루살렘 성전에서 만난 시므온, 그는 어떤 사람인가요?(25)

1) 그는 의롭고 경건한 사람. 의롭다는 것은 율법을 충실히 준수했다는 것이고, 경건하다는 것은 누가의 애용어로서 하나님을 두려워하는 겸손을 가리킵니다. 그리고 그는 성령 아래에 있었습니다. 이는 그가 전형적인 구약적 의인이었음을 말하는 것이다.

- 당시는 모두 형식적이요 위선적인 사람들만이 있던 시대였는데, 그래도 전형적인 의인이 남아 있었다는 것은 놀라운 일입니다. 그렇다면 오늘의 타락을 한탄하는 우리, 그런 우리는 어떠합니까?

2) 이스라엘의 위로를 기다리는 자.

이스라엘의 위로란? 메시아 강림! 그 고통의 시절에도 그가 변하지 않을 수 있었던 것은 분명한 메시아를 기다리고 있었기 때문입니다. 메시아만 오시면, 메시아 세상이 되기만 하면,....

우리 그리스도인에게 큰 힘을 주고, 우리의 외로운 신앙적 선한 싸움을 승리하게 하는 요소 중에 중요한 것이 이것입니다. 소망, 주께서 오시면, 주님의 나라가 임하면, 주께서 내 사정을 아시면, 내 기도를 들으시면, ... 이 소망이 우리들에게 있어야 합니다. 이 소망이 없기에 우린 쉽게 좌절하고 변절합니다. 주님의 위로를 기다리십시오.

3. 그가 받은 은총

1) 그는 낳은 지 40일 된 아기를 보고 어떻게 그 아기가 메시아인줄 알았을까요?(27)

- 성령의 감동은 누구에게 옵니까? 많이 배운 자? 오래 나온 자? 아닙니다. 사모하는 자에게 옵니다. 사모하는 영에게 성령은 옵니다.

2) 그 아기를 안고 뭐라고 합니까? (30)

3) 그는 아기에게서 누구를 봅니까?

- 성탄절에 누구를 보십니까? 이 메시아를 보지 못하고 산타클로즈, 단순한 아기, 천사, ... 이런 이를 보는 사람은 제대로 못 본 이 입니다. 하천풍언이란 사람은 이렇게 말합니다. “하나님의 아들을 발견한 날이 크리스마스이다!” 12월 25일이 아닙니다. 하나님의 아들을 발견한 날이 크리스마스입니다. 그렇다면 아직 예수 그리스도가 하나님의 아들임을 알지 못하는 이들에겐 성탄절이 오지도 않았습니다. 시므온이야 비록 40일이 지났으나 그래도 예수님을 메시아로 만나게 되어 늦게나마 성탄절을 맞이할 수 있었지만 성탄의 예수님을 향하여 **“내 눈이 주의 구원을 보았사오니”**라고 고백할 수 없는 이에겐 아직 성탄절이 오지 않았습니다.

4) 이 고백을 하는 이에게 주어지는 은총이 있습니다. (29)

ㄱ. 말씀하신 대로 - 하나님의 약속, 말씀은 반드시 이루어진다는 하나님의 신실하심에 대한 믿음의 은혜!

ㄴ. 평안히 - 큰 평안!

하나님께서 약속해 주신 것이 있습니까? 나는 잊어버리고, 지쳐 포기해도 하나님께선 반드시 이루어 주실 것입니다. 그리고 결국 이 약속에 대한 믿음이 있는 자에겐 평안을 주실 것입니다. 반드시 약속하신 것을 하나님은 이루신다는 믿음이 있기에 평안을 누리는 것입니다.

-> 이 모든 것은 성탄절에 그 아기를 보고, 성령에 감동되어 하나님을 찬양하는 이에게 주어지는 은총입니다. **"내 눈이 주의 구원을 보았사오니"**하며 성탄의 축복을 노래하는 이에게, 그 뒤 이어지는 세월 속에 믿음과 평안의 큰 축복이 있을 것입니다.

=> 예수, 그 분은 우리의 모든 어려움, 고통, 죄악, 멸망에서 구원하기 위해 오신 구원자이십니다. 예수 이름으로 모든 삶에서 구원 얻는 은혜가 충만하기를 바랍니다.

☛ 내게 주신 은혜 나누기

모임 예배 기록표

___교구 ___구역 ___셀

번호	월일	장 소	참석 인원	헌 금 내 역			비 고
				수입	지출	잔액	
1							
2							
3							
4							
5							
6							
7							
8							
9							
10							
11							
12							
13							
14							
15							
16							
17							
18							
19							
20							
21							
22							
23							
24							
25							

번호	월일	장 소	참석 인원	헌 금 내 역			비 고
				수입	지출	잔액	
26							
27							
28							
29							
30							
31							
33							
33							
34							
35							
36							
37							
38							
39							
40							
41							
42							
43							
44							
45							
46							
47							
48							
49							
50							
51							
총계							

저자

양의섭 목사

- 숭실대 철학, 장신대 신대원(M.Div.)
- 샌프란시스코 신학대학원(SFTS) 박사원,
- 뉴욕신학대학원(NYTS) 목회학 박사(D.Min)
- 2005년 월간 문학 "한국시"로 시인 등단
- 2010년 제21회 월간 문학 "한국시 대상" 수상
- 2016년 제21회 광나루 문학상 수상
- 現 왕십리중앙교회 담임
- 저서

: 설교집 - "이유없이 눈물이 나는 이유"
"비하인드 스토리" "꽃 본 듯이"

시 집 - "아름다움에 대한 그리움" "노래가 되고프다"
"바람의 결을 느끼다" "중얼거림의 메아리"

공과책 - "예수마을Ⅰ" "예수마을Ⅱ" "예수마을Ⅲ"
"여호와께서 내게 말씀하시더라"
"아하 이런 뜻이었군요!" "말씀대로 이루어지이다."
"내게 부족함이 없으리로다." "성령께서 도우십니다."
"예수님처럼, 예수님처럼, 예수님처럼!"
"함께 마음을 맞대고 함께 말씀의 은혜로 풍덩..."

- 이메일 : philyes10@gmail.com

구역예배 공과

- 발행일 | 2019년 12월 01일
- 발행인 | 양의섭
- 편집인 | 이현옥
- 발행처 | 왕십리중앙교회 예수마을
서울시 성동구 마장로 19길 29 (02-2292-4483)
- 인터넷 홈페이지 | http://www.wangjoong.org
- 펴낸곳 | BF 북스 (출판등록 : 제324-2011-0000257호)
서울시 성동구 아차산로 17길 57 일신건영휴먼테코 1203호
- ISBN 978-89-6700-098-1

정가 6,000 원